Cooperando con La Gloria de Dios

Aprendiendo una nueva forma de ministrar

Por

Dr. Ron M. Horner

Cooperando con La Gloria de Dios

Aprendiendo una nueva forma de ministrar

Por

Dr. Ron M. Horner

LifeSpring International Ministries

PO Box 5847

Pinehurst, North Carolina 28374

www.RonHorner.com

Cooperando con La Gloria de Dios

Aprendiendo una nueva forma de ministrar

Derechos de autor © 2024 Dr. Ron M. Horner

Para solicitudes de descuentos en ventas al por mayor, permisos editoriales u otra información deben dirigirse a:

LifeSpring Publishing
PO Box 5847
Pinehurst, NC 28374
EE. UU.

Copias adicionales disponibles en www.ronhorner.com

ISBN 13 TP: 978-1-953684-46-2
Libro electrónico ISBN 13: 978-1-953684-47-9

Diseño de portada por Darian Horner Design (www.darianhorner.com)
Imagen: 123rf.com # 43525838

Primera edición: Marzo de 2024

10 9 8 7 6 5 4 3 2 1

Impreso en los Estados Unidos de América.

Tabla de Contenidos

Dedicatoria

A la memoria de una de las personas más hermosa y amorosa con la que he tenido el honor de trabajar y conocer: Delores Roseboro Medley. Que aprendamos a amar como ella.

———— · ————

Prefacio

Al llegar a la edad adulta al final del Movimiento de Jesús de los años 1960-1970, he visto muchas modas ir y venir dentro del movimiento carismático y del cristianismo en general. En los años 70 apareció el movimiento del pastorado y la gente malinterpretó el papel del pastor en la vida de los feligreses. Desafortunadamente, el impacto de ese movimiento pareció más negativo que positivo.

En la década de 1980, el movimiento de oración comenzó en serio con el popular libro "¿No podrías demorarte una hora?" Este libro del Dr. Larry Lea desafió a las personas a convertirse en personas de oración, no solo en personas que oran. Tuvo un impacto mucho más duradero que el de su propia iglesia después que se le agrupara con los ministros W.V. Grant y Robert Tilton en algunas prácticas turbias. Una vez que surgió la controversia, vi como la revista Charisma lo dejaba caer como una papa caliente y parecía no apoyar a este hombre que había dado mucho por el Reino. Fue declarado culpable sin juicio.

Fue a mediados y finales de la década de 1980 cuando estalló el escándalo de PTL y el ministerio de Jimmy Swaggart también flaqueó a raíz de su comportamiento inapropiado con una prostituta en más de una ocasión. Su ministerio, en un momento el más impactante del planeta, cayó en picada. El instituto bíblico que llevaba su nombre cerró sus puertas y posteriormente la propiedad fue arrendada al estado de Louisiana como espacio para oficinas. Su ministerio es actualmente una cáscara de lo que alguna vez fue.

A lo largo de la década de 1990, vimos el surgimiento del ministerio de cruzada de Benny Hinn. Era extremadamente popular; hasta los últimos años, miles de personas asistieron a sus cruzadas con la esperanza de un milagro. Su estilo de ministerio era diferente al de muchos evangelistas sanadores, ya que no impuso las manos a muchas personas para sanar. Las sanidades ya habían ocurrido dentro de la atmósfera que buscaba crear. Cuando usted estaba en el escenario testificando, podía ser quebrantado en el espíritu poderosamente, mientras que otros tele-evangelistas de la época normalmente le imponían las manos personalmente y podía recibir un toque de Dios.

La imposición de manos es un precedente bíblico poderoso para traer sanidad y liberación a la vida de las personas, pero tiene una limitación: el nivel de fuerza física personal del ministro. La liberación de la Gloria de Dios no tiene tal limitación. Sin embargo. En este libro compartiré cómo cooperar con La Gloria y cómo ver más logros en la vida de las personas.

A lo largo del libro, rompo con el protocolo estándar en cómo me refiero a La Gloria. En Ezequiel 3:23, 10:18-19, 11:23 leemos donde "La Gloria del Señor se levantó" como si fuera una persona, y no simplemente un objeto. Por lo tanto, a lo largo de este libro me referiré a La Gloria como más que un objeto, más que una condición atmosférica, y no solo algo que puede sentir, sino también la persona de Dios mismo visitando a Su pueblo. La Gloria no es sólo algo, ¡es un Él!

———— · ————

Capítulo 1

El Reino de los Cielos está cerca

Juan el Bautista predicó el mensaje "El Reino de los Cielos se ha acercado" a las audiencias reunidas a lo largo de las orillas del río Jordán, donde luego bautizó a los convertidos. Estaba diciendo más de lo que nos damos cuenta mientras predicaba ese mensaje. La Biblia dice en Mateo 3:2 de esta manera:

> *y diciendo: Arrepentíos, porque el reino de los cielos se ha acercado.*

En Mateo 3, encontramos la historia de Juan predicando ese mensaje cuando un día llega un pariente al lugar, su primo Jesús. Sólo seis meses más joven que Juan, Jesús había venido a ser bautizado por Juan en el río Jordán. Al principio, Juan se negó a bautizarlo, pero Jesús lo convenció que debía hacerlo para que se cumpliera toda justicia.[1]

---

[1] Mateo 3:15

La justicia se define a menudo como "la posición correcta ante Dios". La posición correcta ante Dios no había existido desde el Jardín del Edén. En el Jardín, Adán y Eva coexistían con Dios, quien habitaba entre ellos. Adán y Eva perdieron este privilegio cuando comieron del fruto del Árbol del Conocimiento del Bien y del Mal. Una vez que su pecado fue expuesto, Dios no tuvo más remedio que desterrarlos de su presencia. Cubiertos de hojas de higuera, fueron expulsados del Jardín y un ángel guardián les impidió regresar y comer del Árbol de la Vida.

Lo que se perdió ese día en el Jardín fue el acceso inmediato al Padre. No era el deseo del Padre perder el compañerismo y la relación con su creación, pero esto vino a través del engaño de la serpiente. Después de miles de años, la pérdida a largo plazo del compañerismo y el acceso inmediato a Dios estaba a punto de terminar.

Mire la línea de tiempo y el balance de la historia en la última mitad del capítulo 3 de Mateo. A Juan se le reveló que Jesús bautizaría en el Espíritu Santo, una dinámica completamente nueva que apenas se insinúa en los escritos del Antiguo Testamento, pero lo que Juan había estado predicando estaba a punto de adquirir un significado completamente nuevo. Leamos la historia:

Entonces Jesús vino de Galilea a Juan al Jordán, para ser bautizado por él. Mas Juan se le oponía, diciendo: Yo necesito ser bautizado por ti, ¿y tú vienes a mí? Pero Jesús le respondió: Deja ahora, porque así conviene que cumplamos toda justicia.

*Entonces le dejó. Y Jesús, después que fue bautizado, subió luego del agua; y he aquí **los cielos le fueron abiertos**, y vio al Espíritu de Dios que descendía como paloma, y venía sobre él. Y hubo una voz de los cielos, que decía: Este es mi Hijo amado, en quien tengo complacencia. (Mateo 3:13-17)*

La dinámica que se desató en la tierra en ese momento fue la apertura de los Cielos. Excepto en raras ocasiones, los Cielos no se habían abierto a la humanidad desde el Jardín. Se evidenciaron dos resultados inmediatos de un cielo abierto: ¡vieron y oyeron!

¡Cuando los Cielos se abran sobre su vida, usted podrá ver y escuchar desde el Cielo!

La paloma se posó sobre Jesús y una voz vino del cielo. Esta voz del cielo se escucharía un par de veces más en el tiempo del ministerio de Jesús en la tierra, pero esta era la primera vez y Jesús aún no había comenzado su ministerio.

Note lo que se dijo en el versículo 17:

Y hubo una voz de los cielos, que decía: Este es mi Hijo amado, en quien tengo complacencia.

¿De qué estaba tan complacido el Padre? Jesús aún no había comenzado su ministerio. Él no había sanado a nadie que sepamos. No había echado fuera ningún demonio. No había abierto los ojos a los ciegos ni había resucitado a nadie de entre los muertos. ¿De qué estaba tan complacido el Padre?

Le propongo que sea al menos flexible. En la tradición judía, cuando un hijo había pasado por el aprendizaje necesario y había aprendido el oficio de su padre y había llegado a un momento en el que estaba plenamente validado, el hijo podía operar el negocio del padre como si fuera suyo. Esto ocurrió en el trigésimo año de vida de Jesús. Pasó de ser un "teknon" a un "uihos"[2] hijo de su Padre. Estaba completamente capacitado y era completamente capaz de ocuparse de los asuntos de su Padre.

Convertirse en un hijo

Muchos de nosotros estamos familiarizados con la tradición de bar-mitzvah de los judíos cuando a los doce años el niño se convierte en un hombre, pero esta es una tradición menos familiar de los judíos. En esta tradición, el joven ahora estaba plenamente comprometido con el negocio de su padre y podía operar con la misma autoridad que el propio padre. Cualquier cosa que el padre hiciera; el hijo ahora estaba autorizado a hacer en su lugar. A menudo nos hemos preguntado por qué Jesús esperó hasta los treinta años para comenzar su ministerio. "Uihos" es la palabra que se usa en el versículo 17.

---

[2] Pronunciado "wee-oss"

En Juan 1:12 encontramos el uso de la palabra "teknon" con respecto a convertirse en hijo (o hijos) de Dios simplemente al recibir a Jesús como salvador. Convertirse en un hijo "uihos" requiere cierto crecimiento en nuestro caminar con Dios.

El segundo aspecto en el que deseo centrarme es que el acceso a Dios había comenzado a restablecerse por completo. Lo que se había perdido durante 4.000 años estaba llegando a su fin rápidamente y el proceso de restauración de los cielos abiertos estaba ahora en marcha. Fue iniciado por este evento.

El mensaje de Juan que el Reino de los Cielos está "cerca" podría entenderse mejor con una simple reformulación: "El Reino de los Cielos está tan cerca como tu mano". La distinción es útil porque, como sabemos, la religión siempre busca hacer más difícil acceder al cielo. La religión siempre ha creado reglas y más reglas, aros que debemos atravesar, barreras que debemos cruzar, todo para obtener el cielo. Jesús, sin embargo, era bastante experto en eliminar las barreras al cielo, a Dios, a la sanidad y cosas por el estilo. Si entendemos que el Cielo no es un lugar lejano—un destino futuro reservado para el remanente, sino más bien el lugar de permanencia de Su Gloria, encontraremos que también podemos acceder a este reino de existencia—esta dimensión. No está tan lejos como la religión ha tratado de hacer que parezca.

¡El cielo está más cerca
de lo que pensamos!

Después del bautismo, Mateo registra que Jesús comenzó a predicar en Galilea. La Biblia señala que el mensaje que predicó Juan el Bautista se estaba presentando ahora en tiempo presente:

*Desde entonces comenzó Jesús a predicar, y a decir: Arrepentíos, porque **el reino de los cielos se ha acercado**. (Mateo 4:17)*

Mientras para Juan el Bautista, el Reino estaba en el futuro, una vez que Jesús fue bautizado en el río Jordán, se convirtió en tiempo presente.

¡Los cielos están abiertos ahora!

En el próximo capítulo, Cómo acceder a los Dominios del Cielo, hablaré sobre el proceso simple que utilizamos para ayudar a las personas a acceder a los dominios del Cielo. Dios lo ha hecho bastante simple y hemos visto que se ha usado de manera efectiva en miles de vidas para traer esperanza renovada, frescura y bendición a las personas.

———— · ————

Capítulo 2

Cómo acceder a los
Dominios del Cielo

El tremendo privilegio que compartimos en este momento de la historia es la capacidad de acceder a los dominios del cielo con facilidad. A muchos de nosotros se nos enseñó que el cielo es solo para después de la muerte. En cambio, el cielo es mucho más que el destino final de un viaje; también puede ser un aspecto vital de ese viaje.

Lo que voy a compartir es vital para progresar en las distintas Cortes del Cielo. Podemos acceder a la Corte de Misericordia mientras estamos firmemente plantados aquí en la tierra, pero para maximizar nuestros esfuerzos en las Cortes del Cielo, necesitamos aprender a operar DESDE el Cielo.

Cuando enseño sobre el acceso a los dominios del cielo, a menudo señalo algunos hechos simples. Si usted me dijera que es ciudadano de una ciudad en particular, pero me puede contar poco de ella por su experiencia personal, tendré la tendencia a dudar de la autenticidad de su ciudadanía. Soy ciudadano de una pequeña ciudad en el centro de Carolina del Norte. Estoy familiarizado con la ubicación del ayuntamiento, la estación de policía, el hospital, la corte del condado local, el Departamento del Sheriff y mucho más. Sé dónde se llevarán a cabo muchos eventos deportivos. Sé dónde están los parques. Conozco muchas de las tiendas y restaurantes. Conozco esta pequeña ciudad. Sin embargo, si le preguntara al creyente promedio qué pueden describir del Cielo por experiencia personal, la respuesta probablemente sería "Nada". No tienen una experiencia personal del Cielo que me puedan relatar. No tiene por qué ser así.

En Mateo 3, Jesús nos informó que el Reino de los Cielos estaba cerca. Nuevamente, podríamos decir, "el Reino de los Cielos está tan cerca como su mano". Mantenga su mano frente a su nariz lo más cerca que pueda. No se toque la nariz. El Cielo está más cerca de usted que eso. No está lejos, ni muy lejos en el cielo. No es "más allá" como describen algunos himnos antiguos. Es una realidad muy presente separada de nosotros por una membrana muy delgada, y podemos acceder a ella por fe. Es muy simple.

Cuando Jesús fue bautizado en el río Jordán, al salir del agua INMEDIATAMENTE se abrieron los cielos. Él vio (una paloma) y escuchó (una voz que venía del cielo). Este único acto de Jesús restauró nuestra capacidad de acceder al cielo. Podemos experimentar cielos abiertos sobre nuestra vida. No tenemos que esperar. ¡Podemos vivir conscientes del Reino del Cielo y vivir fuera de esa realidad!

Todo lo que hacemos como creyentes debemos hacerlo por fe. El acceso a los dominios del cielo se realiza de la misma manera. Los actos proféticos pueden crearnos realidades, y esto es lo mismo. Usted puede visualizar fácilmente el paso de una habitación a otra. Es como pasar de un lugar a otro. Para aprender a acceder a los dominios del cielo, seguirá el mismo patrón.

Levántese de donde está ahora y prepárese para trabajar conmigo. ¡Puede experimentar los dominios del cielo ahora mismo! No tiene que esperar a estar en un ataúd en la funeraria local o llenar una urna. ¡Puede experimentar el Cielo mientras está vivo! Recuerde, entramos al Reino como niños.

Cómo acceder al Cielo

Tranquilícese. Si es posible, apague los ruidos de fondo que le distraen. Prepárese para relajarse y concentrarse. Ahora, diga esto conmigo:

Padre, me gustaría tener acceso a los dominios del Cielo hoy, así que ahora mismo, por fe, doy un paso hacia los dominios del Cielo.

Mientras dice eso, dé un paso adelante. A medida que avanza, imagine que va de un lugar a otro en un solo paso. Una vez que lo haya hecho, preste atención a lo que ve y oye. Puede ver luces muy brillantes; puede ver un río, una escena pastoral, un jardín, cualquier cantidad de cosas. En este momento, está experimentando el sabor del Cielo. Notará la paz que impregna la atmósfera del Cielo. Puede que note que el aire parece electrizante de vida. Los testimonios que he escuchado siempre son asombrosos y hermosos de escuchar.

Ahora pase unos minutos en este lugar. Recuerde, Jesús dijo que para entrar al Reino debe venir como un niño. A menudo entreno a la gente para que se imagine a sí mismo como un niño de 8 años viendo lo que está viendo. ¿Qué haría un niño de 8 años? Él o ella sería inquisitivo y preguntaría: "¿Qué es esto? ¿Qué hace eso? ¿A dónde va eso? ¿Puedo ir aquí?" Si un niño viera un río o un lago, ¿qué querría hacer ese niño? La mayoría querría saltar al agua.

La variedad es infinita. Los colores, ¡asombrosos! Los sonidos son tan hermosos. Puede aprender a hacer esto de forma regular. Cuando accede a los dominios del Cielo, está en casa. Usted fue hecho para experimentar la belleza que es el Cielo.

La razón por la cual aprender a acceder a los dominios del Cielo es crucial para involucrar a las Cortes del Cielo y es que gran parte de lo que hacemos debe hacerse DESDE el Cielo. Necesitamos aprender a involucrarnos en el Cielo y trabajar desde ese lugar.

Ver versus Saber

Mucha gente me dice que no puede "ver" visualmente en el espíritu. A menudo, están menospreciando la capacidad que tienen. Pueden estar menospreciando a su "conocedor". Cada creyente tiene un "conocedor" trabajando dentro de ellos. Este "conocedor", que es el Espíritu Santo que obra dentro de usted, le ayuda a percibir las cosas. Ya sea que algo sea bueno o malo, Él trabaja para guiarle más de lo que usted imagina. La mayoría de los submarinos de la marina tienen un dispositivo conocido como sonar. Sonar le da a un submarino "ojos" para ver lo que hay en su alrededor. Pueden detectar cuál es el objeto mediante el ping emitido por el sonar. Pueden determinar la distancia al objeto y si se trata de otro submarino. Incluso pueden identificar qué clase de submarino podría ser. El sonar tiene un valor incalculable en este entorno, pero una cámara de video sería bastante inútil bajo el agua.

El ejército tiene un dispositivo similar para situaciones aéreas conocido como radar. Funciona de la misma manera que el sonar. Si un piloto estuviera volando a través de una espesa capa de nubes, el piloto necesitaría saber qué hay en su camino. El radar se convierte en sus ojos.

Algunas personas funcionan visualmente. A menudo ven lo que equivale a fotografías o imágenes de video cuando "ven" en el espíritu. Pueden ver más detalles. Sin embargo, uno que opera por su "conocedor" (su radar espiritual o sonar) puede ser tan eficaz como un vidente. Si opera más como una sonda o un radar, no descarte lo que "ve" de esa manera. Así es como funciono y he estado haciendo este tipo de trabajo durante muchos años.

A menudo puedo detectar dónde está un ángel en la habitación (o si es uno de los hombres o mujeres de lino blanco y no un ángel). A menudo puedo detectar cuántos están presentes y si tienen algo que dar a alguien. Puedo detectar cualquier cantidad de cosas y, aunque no sea "visual", sigo "viendo". Le tranquilizará cuando comprenda que operar con su conocedor es tan válido como cualquier otro tipo de visión. Le ayudará a darse cuenta que ha estado viendo mucho más de lo que cree y es posible que sepa mucho más que algunos que solo ven.

Factores que dificultan el Ver o el Oír

Cuando alguien me dice que tiene problemas para ver u oír en el reino del espíritu, he encontrado una causa común para gran parte del problema. La mayoría de nosotros tenemos algo de Masonería en nuestro trasfondo. Como parte de los juramentos y ceremonias de la Masonería, uno hace un pacto con sus ojos de no poder ver espiritualmente. Simbolizan esto con el acto de ponerse el engaño (o la venda de los ojos) en las primeras ceremonias de iniciación. Están haciendo un pacto de ser espiritualmente ciegos. Si no hicieran este tipo de pacto en las primeras etapas de la Masonería, podrían ver la oscuridad en la que se están involucrando.

La persona necesita que los veredictos falsos que empoderan a la Masonería sean anulados en sus vidas. Recomiendo mi libro, Cómo anular los Falsos Veredictos de la Masonería. He encontrado una correlación entre la

Masonería y la incapacidad de ver u oír espiritualmente alrededor del 90% de las veces.

La segunda situación que he encontrado es la de las personas que han hecho un pacto con sus ojos para no ver. Por lo general, este es el resultado de haber estado asustados antes en sus vidas cuando vieron algo espiritualmente. Esto puede suceder particularmente con un niño pequeño que puede ver algo en un sueño o visión, y lo asusta tanto que le cierra la vista o el oído.

La resolución para esto es estar dispuesto a regresar a la escena que los asustó, pero esta vez, invitar a Jesús a estar con ellos en la situación. Cuando Él aparece, el miedo parece disiparse. Les pido que se arrepientan por cerrar la visión espiritual y / o escuchar parte de su vida y pido que le pidan a Jesús que vuelva a abrir su vista u oído.

La última situación que hemos descubierto recientemente es que alguien ha obtenido un título falso, un gravamen, una nota o un contrato de arrendamiento que bloquea la capacidad de la persona para ver en el espíritu o de alguna manera el enemigo ha colocado una lona (velo[3]) sobre ellos para bloquear el ver y el oír.

Entramos en la Corte de Títulos y Escrituras y pedimos que se disuelva todo título falso de propiedad o nota falsa sobre nuestra vista u oído espiritual y que la

---

[3] Un manto largo que se utiliza para cubrir o proteger objetos. Normalmente hecho de lona o plástico

propiedad del Señor Jehová se establezca sobre nuestros ojos y oídos espirituales.

Si se trata de un gravamen contra nuestra capacidad de ver u oír, solicitamos que se marque como satisfecho con la sangre de Jesús. Perdonamos a la persona o personas involucradas en hacer el falso reclamo de propiedad, las bendecimos y las liberamos.

Si se trata de un contrato de arrendamiento, también pedimos que se cancele el contrato de arrendamiento falso y que se establezca una reclamación de propiedad justa entre la persona y Jehová el Señor.

También solicitamos que cualquier velo que cubra sus ojos y vida sea eliminado de inmediato. Hemos visto resultados inmediatos al hacer esto, ya que los ojos y oídos espirituales de las personas se abren repentinamente.

———— · ————

Capítulo 3
¿Qué es La Gloria?

Aprender a funcionar desde afuera del Cielo y de La Gloria es vital para cooperar adecuadamente con lo que el Cielo desea lograr en la tierra. Mientras que, en el antiguo paradigma del ministerio, el evangelista (o ministro) gastaría grandes cantidades de energía ministrando a las personas con su unción, este nuevo paradigma ofrece una alternativa refrescante.

Por experiencia personal, sé que ministrar en el viejo paradigma puede ser bastante agotador. Usted está utilizando energía para impartir su unción para satisfacer la necesidad de la otra persona. Es comprensible para mí cómo el difunto evangelista Oral Roberts estaría tan exhausto después de imponer sus manos sobre cientos o incluso miles de personas cada día en sus reuniones. La tensión física es inmensa en esta forma de ministrar. Ha sido una gran bendición encontrar otra forma de operar cuando se trata de ministrar. El viejo paradigma fue utilizado por el adversario para atrapar a los ministros en el pecado aprovechándose de ellos en sus momentos de debilidad, que a menudo ocurren después de ministrar durante largos períodos de tiempo.

Mientras que en el modelo más antiguo yo funcionaba completamente aparte de mi unción de una manera particular; bajo el nuevo modelo no tengo que hacerlo. Simplemente aprendo a cooperar con La Gloria que se libera dondequiera que me encuentre. Hablaremos más sobre esto a medida que avancemos.

Cooperando con el Cielo

Sin embargo, primero veamos qué es La Gloria y cómo podemos cooperar con el Cielo. Al leer Mateo 3 un día, el Espíritu Santo me indicó que cada vez que viera la frase "Reino de los Cielos" insertara la frase "Gloria de Dios".

La frase "Reino de los Cielos" se encuentra 31 veces en el Nuevo Testamento, ¡una por cada día del mes! He hecho una inserción de la frase "Gloria de Dios" en cada uno de los siguientes versículos para demostrar cuán sinónimos son los conceptos del "Reino de los Cielos" y la "Gloria de Dios".

Empezando con:

En aquellos días vino Juan el Bautista predicando en el desierto de Judea, y diciendo: Arrepentíos, porque el reino de los cielos se ha acercado. (Mateo 3:1-2)

Donde Juan el Bautista está presentando el nuevo mensaje de la hora—que el Reino de los Cielos [La Gloria de Dios] es inminente.

Desde entonces comenzó Jesús a predicar, y a decir: Arrepentíos, porque el reino de los cielos [La Gloria de Dios] se ha acercado. (Mateo 4:17)

Juan había sido encarcelado pocos días después que Jesús fuera bautizado en el Jordán, por lo que los intentos del enemigo de aplastar este nuevo paradigma se vieron frustrados. Jesús retomó el mismo tema en sus sermones iniciales cuando salió del desierto, y comenzó a desarrollarse en los días siguientes.

Bienaventurados los pobres en espíritu, porque de ellos es el reino de los cielos [Gloria de Dios]. (Mateo 5:3)

Un requisito previo para experimentar verdaderamente La Gloria de Dios es ser pobre en espíritu. Cuando pensamos que no necesitamos La Gloria, no la vamos a experimentar fácilmente. Si somos tan santurrones como para pensar que no necesitamos experimentar La Gloria de Dios, ¿cómo podemos estar tan seguros queexperimentaremos el Reino de los Cielos?

Bienaventurados los que padecen persecución por causa de la justicia, porque de ellos es el reino de los cielos [Gloria de Dios]. (Mateo 5:10)

La persecución es un calificativo para experimentar La Gloria de Dios. Este tema se reitera a lo largo de las cartas de Pablo en el Nuevo Testamento. Cuanto mayor era la persecución que soportaba, mayor era La Gloria de Dios que se podía ver en y a través de su ministerio. Aunque parezca paradójico, en realidad no lo es.

Cuanto mayor fue la persecución, mayor fue La Gloria de Dios que experimentó.

De manera que cualquiera que quebrante uno de estos mandamientos muy pequeños, y así enseñe a los hombres, muy pequeño será llamado en el reino de los cielos [Gloria de Dios]; mas cualquiera que los haga y los enseñe, éste será llamado grande en el reino de los cielos [Gloria de Dios]. (Mateo 5:19)

Muchos han entendido mal los Diez Mandamientos dados a Moisés en el Monte Sinaí pensando que no son más que una lista de lo que se debe y no se debe hacer. Sin embargo, ese punto de vista es perder el mensaje general. Los Diez Mandamientos son la expresión colectiva de cómo será la tierra cuando el Reino esté en plena manifestación. Ninguna idolatría, robo, asesinato, codicia, falso testimonio y cosas por el estilo serán parte del Reino cuando llegue en su plenitud. Es el modelo del Cielo. Donde está La Gloria, no se permite el asesinato. Donde está La Gloria, no se permiten testigos falsos. Donde está La Gloria, la idolatría no está permitida.

*A medida que la iglesia se levanta
y se niega a permitir la idolatría,
el asesinato y cosas por el estilo;
en ese grado el Reino se
manifestará sobre la tierra.*

Porque os digo que si vuestra justicia no fuere mayor que la de los escribas y fariseos, no entraréis en el reino de los cielos [Gloria de Dios]. (Mateo 5:20)

La idea que La Gloria de Dios y nuestra justicia propia pueden coexistir es una falsedad. La auto-humillación y la entrega de nuestra propia voluntad son requisitos previos para experimentar La Gloria de Dios en la medida en que Dios quiera que sea liberada.

No todo el que me dice: Señor, Señor, entrará en el reino de los cielos [Gloria de Dios], sino el que hace la voluntad de mi Padre que está en los cielos. (Mateo 7:21)

La atmósfera del Cielo es La Gloria de Dios. La Gloria de Dios es también la esencia del Cielo. La gran nube de testigos existe en el Cielo, al igual que los hombres y mujeres de lino blanco, esos santos que han pasado antes que nosotros. Por experiencia personal, hemos visto a muchos de los santos mencionados en la Biblia cuando hemos accedido a los dominios del Cielo donde residen. Hemos conversado con estos y con otros de renombre bíblico. Abraham, Isaac y Jacob residen en el Cielo, ¡en La Gloria!

Y os digo que vendrán muchos del oriente y del occidente, y se sentarán con Abraham e Isaac y Jacob en el reino de los cielos [Gloria de Dios] (Mateo 8:11)

Jesús instruyó a sus discípulos a predicar el mismo mensaje que Él estaba predicando, y que Juan el Bautista había predicado—que el Reino de los Cielos (La Gloria de Dios) es inminente—tan cerca como tu mano.

Y yendo, predicad, diciendo: El reino de los cielos [La Gloria de Dios] se ha acercado. (Mateo 10:7)

Este verso reafirma la accesibilidad de La Gloria (también conocida como Reino de los Cielos).

De cierto os digo: Entre los que nacen de mujer no se ha levantado otro mayor que Juan el Bautista; pero el más pequeño en el reino de los cielos [Gloria de Dios], mayor es que él. (Mateo 11:11)

Y desde los días de Juan el Bautista hasta ahora, el reino de los cielos [Gloria de Dios] sufre violencia, y los violentos lo arrebatan. (Mateo 11:12)

A medida que aprendamos a cooperar con La Gloria, veremos cómo ella estallará y encenderá una pasión en las personas por la presencia de Dios en sus vidas y en sus situaciones.

El respondiendo, les dijo: Porque a vosotros os es dado saber los misterios del reino de los cielos [Gloria de Dios]; mas a ellos no les es dado. (Mateo 13:11)

Como creyentes, debemos poder acceder a toda la revelación que el Cielo tiene para nosotros. Sin el conocimiento de La Gloria (de donde proviene el flujo de la revelación y los medios por los cuales viene) continuaremos tropezando en muchas áreas de nuestras vidas, sin obtener nunca la plenitud de la victoria que se nos ha destinado.

> *Les refirió otra parábola, diciendo: El reino de los cielos [Gloria de Dios] es semejante a un hombre que sembró buena semilla en su campo; (Mateo 13:24)*

El agricultor que sembró la buena semilla solo para que un enemigo viniera y sembrara mala semilla en su campo no se dejó intimidar por las acciones de su enemigo. Sabía que la buena semilla brillaría en el tiempo de la cosecha; así es con La Gloria. Nunca se deshará por las acciones del enemigo. Nunca se deja intimidar por un intento de contaminación.

> *Otra parábola les refirió, diciendo: El reino de los cielos [Gloria de Dios] es semejante al grano de mostaza, que un hombre tomó y sembró en su campo; (Mateo 13:31)*

Este agricultor sembró esa semilla sabiendo que con el tiempo, se convertiría en el árbol más grande de su jardín. Aunque puede comenzar siendo pequeño, crecerá. Esa es la naturaleza de una semilla.

> *Otra parábola les dijo: El reino de los cielos [Gloria de Dios] es semejante a la levadura que*

*tomó una mujer, y escondió en tres medidas de
harina, hasta que todo fue leudado. (Mateo 13:33)*

En esta parábola, Jesús está insinuando que La Gloria
impactará todo lo que toque. Se requiere muy poco para
tener un impacto. A medida que la levadura hace su
trabajo, todo lo que le rodea se verá afectado. Cambiará
la consistencia, la calidad y la utilidad de lo que sea
tocado por ella; así es con La Gloria de Dios.

*Además, el reino de los cielos [La Gloria de Dios]
es semejante a un tesoro escondido en un campo,
el cual un hombre halla, y lo esconde de nuevo; y
gozoso por ello va y vende todo lo que tiene, y
compra aquel campo. (Mateo 13:44)*

El valor de La Gloria en nuestras vidas debe ser tal
que lo busquemos plenamente. Debemos valorar su
impacto en nuestras vidas y desear que se libere más La
Gloria.

*También el reino de los cielos [Gloria de Dios] es
semejante a un mercader que busca buenas
perlas, que habiendo hallado una perla preciosa,
fue y vendió todo lo que tenía, y la compró. (Mateo
13:45-46)*

El comerciante entendió el valor de la "perla" así
nosotros debemos entender el valor de La Gloria en
nuestras vidas.

*Asimismo el reino de los cielos [Gloria de Dios] es
semejante a una red, que echada en el mar, recoge
de toda clase de peces; y una vez llena, la sacan a*

la orilla; y sentados, recogen lo bueno en cestas, y
lo malo echan fuera. (Mateo 13:47-48)

La Gloria provocará una separación entre los que son buenos peces y los que no lo son. A menudo, Jesús señaló que la religión (que busca mantenerlo fuera del Cielo a usted) es un enemigo de aquellos que desean perseguir las cosas del Cielo.

El les dijo: Por eso todo escriba docto en el reino
de los cielos [Gloria de Dios] es semejante a un
padre de familia, que saca de su tesoro cosas
nuevas y cosas viejas. (Mateo 13:52)

El escriba (o estudioso de las Escrituras) entendió que La Gloria exige cierto grado de mayordomía. A medida que uno accede a los dominios del Cielo, obtendrá la revelación y el entendimiento que debe ser administrado. No todos estarán calificados para la información que recibe del Cielo. Ésa es la razón por la que Jesús utilizó parábolas: sólo aquellos con oídos sintonizados entenderían lo que realmente estaba diciendo.

Y a ti te daré las llaves del reino de los cielos
[Gloria de Dios]; y todo lo que atares en la tierra
será atado en los cielos; y todo lo que desatares en
la tierra será desatado en los cielos. (Mateo 16:19)

A medida que aprendamos a acceder a los dominios del Cielo (también conocido como La Gloria), experimentaremos nuevos niveles de autoridad y descubriremos que entendemos cómo atar y desatar, permitir y prohibir en la tierra. Podemos hacer esto de manera más efectiva cuando tenemos una comprensión más fuerte de lo que ESTÁ permitido en el Cielo después de haberlo visto con nuestros ojos.

En aquel tiempo los discípulos vinieron a Jesús, diciendo: ¿Quién es el mayor en el reino de los cielos [Gloria de Dios]? (Mateo 18:1)

Los discípulos de Jesús tardaron un poco en comprender que La Gloria no era para elevarlos, sino para elevar a Jesús. No es un juguete personal ni una especie de trofeo que nos dé el derecho a alardear. Es para ayudarnos a comprender el Cielo para liberar el Cielo en la tierra.

y dijo: De cierto os digo, que si no os volvéis y os hacéis como niños, no entraréis en el reino de los cielos [Gloria de Dios]. (Mateo 18:3)

Así que, cualquiera que se humille como este niño, ése es el mayor en el reino de los cielos [Gloria de Dios]. (Mateo 18:4)

Pero Jesús dijo: Dejad a los niños venir a mí, y no se lo impidáis; porque de los tales es el reino de los cielos [Gloria de Dios]. (Mateo 19:14)

Cuanto más seamos como niños cuando se trata de acceder a los dominios del Cielo, más impacto puede tener este en nuestras vidas. A menudo instruyo a las personas a comportarse como lo harían si tuvieran 8 años cuando entran a los dominios del Cielo. Cuanto más niño seamos, más podremos experimentar el Cielo. Los niños no tienen muchas pretensiones, eso es útil cuando acceden al Cielo. No tienen muchas nociones preconcebidas, por lo que pueden ver más libremente. Deberíamos ser de la misma manera. Ayudará a nuestro compromiso con el Cielo y nuestra cooperación con La Gloria.

Por lo cual el reino de los cielos [Gloria de Dios] es semejante a un rey que quiso hacer cuentas con sus siervos. (Mateo 18:23)

La Gloria siempre apuntará a la liberación de las deudas del pecado y el perdón. Cuanto más perdonamos, más experimentaremos el Cielo.

Pues hay eunucos que nacieron así del vientre de su madre, y hay eunucos que son hechos eunucos por los hombres, y hay eunucos que a sí mismos se hicieron eunucos por causa del reino de los cielos [Gloria de Dios]. El que sea capaz de recibir esto, que lo reciba. (Mateo 19:12)

Jesús presenta un escenario interesante con respecto a aquellos que se dedican por completo a la búsqueda del Cielo y de la Gloria, incluso hasta el punto de renunciar al matrimonio porque interferiría con su búsqueda. Cada uno debe seguir sus instrucciones al respecto.

Entonces Jesús dijo a sus discípulos: De cierto os digo, que difícilmente entrará un rico en el reino de los cielos [Gloria de Dios]. (Mateo 19:23)

Jesús nos instruye que no podemos servir tanto a Dios como a Mamón. Mamón es autosuficiencia. Se convierte en nuestro dios. Mamón y la riqueza a menudo se han entrelazado y por una buena razón. Sin embargo, debemos entender que nuestra dependencia debe estar en Dios, no en lo que podemos producir con nuestras propias fuerzas o esfuerzos. Si queremos experimentar la plenitud de La Gloria, debemos confiar completamente en Dios.

> *Porque el reino de los cielos [La Gloria de Dios] es semejante a un hombre, padre de familia, que salió por la mañana a contratar obreros para su viña. (Mateo 20:1)*

El acceso a La Gloria está disponible para todos, para los que llegan temprano y para los que llegan más tarde. No está restringido a un grupo u otro y su liberación es responsabilidad total del terrateniente: Dios.

> *El reino de los cielos [Gloria de Dios] es semejante a un rey que hizo fiesta de bodas a su hijo; y envió a sus siervos a llamar a los convidados a las bodas; mas éstos no quisieron venir. (Mateo 22:2-3)*

No todo el mundo desea unirse al rey en el banquete de bodas. Muchos están preocupados por sus vidas y lo mismo ocurre con La Gloria; no todo el mundo lo desea. El que tenga oídos para oír, oiga.

> *Mas ¡ay de vosotros, escribas y fariseos, hipócritas! porque cerráis el reino de los cielos [Gloria de Dios] delante de los hombres; pues ni entráis vosotros, ni dejáis entrar a los que están entrando. (Mateo 23:13)*

Jesús reprende a los escribas y fariseos por dificultar el acceso de las personas al Reino del Cielo. La religión siempre resistirá el fácil acceso a los dominios del Cielo. Entiéndalo y solucione el problema. No pierda su tiempo tratando de convencer a la gente. No se puede alimentar a alguien que no tiene hambre. Es simplemente una pérdida de esfuerzo.

Entonces el reino de los cielos [Gloria de Dios] será semejante a diez vírgenes que tomando sus lámparas, salieron a recibir al esposo. (Mateo 25:1)

Acceder a los dominios del Cielo y experimentar La Gloria de manera continua requerirá que mantenga sus lámparas llenas de aceite. Manténgase en comunión regular con el Espíritu Santo. Todas las vírgenes de la parábola tenían los dominios del Cielo disponibles, pero no todas hicieron lo necesario para beneficiarse de ellos.

Porque el reino de los cielos [Gloria de Dios] es como un hombre que yéndose lejos, llamó a sus siervos y les entregó sus bienes. (Mateo 25:14)

Una vez más, no todo el mundo quiere experimentar La Gloria. Aquellos que asumen que están calificados nunca respetan a los que verdaderamente están calificados. Usted descubrirá que este es el caso a medida que avanza en el acceso a los dominios del Cielo y coopera con La Gloria. Aquellos que están firmemente arraigados en posiciones de liderazgo a menudo tendrán más dificultades para recibir la simplicidad de este mensaje.

A lo largo de los versículos anteriores, se discutieron varios aspectos de La Gloria. A medida que tomemos la decisión de cooperar con La Gloria, tendremos los beneficios de La Gloria. El principio del honor se exhibirá en nuestras vidas; por lo que honramos nos beneficiaremos.

Si no tiene la Biblia The Passion Translation, permítame animarlo a que compre esta traducción de Brian Simmons. Él entendió los dominios del Cielo y explica que el evangelio de Mateo se centró en presentarnos el Reino del Cielo. Esto es lo que dijo en su introducción al Evangelio de Mateo:

> **Dominio del Reino Celestial.** *Mateo nos trae el Reino Celestial y nos presenta su virtud y realidad. La frase "dominios del reino" se usa casi cuarenta veces cuando Jesús nos la ofrece a usted y a mí. Y Jesús es descrito como el Rey catorce veces. Este es el Evangelio del Rey y su reino, pero un reino diferente al que incluso sus seguidores esperaban. Porque el dominio del Reino que Jesús introdujo no liberaría al pueblo judío de la opresión del gobierno romano como esperaban; no podemos definir ni al Rey ni a su reino nosotros mismos. En cambio, ofrece no solo a los judíos, sino a todas las personas acceso a un reino celestial eterno libre de las consecuencias del pecado y un oasis para refrescar nuestras vidas.*[4]

---

[4] The Passion Translation – Evangelio de Mateo

¡A menudo olvidamos que fue La Gloria de Dios lo que resucitó a Jesús de entre los muertos!

Porque somos sepultados juntamente con él para muerte por el bautismo, a fin que como Cristo resucitó de los muertos por la gloria del Padre, así también nosotros andemos en vida nueva. (Romanos 6:4)

La Gloria fue la facilitadora de la demostración más poderosa del poder de Dios desde la creación.

La Gloria es un Él

Como se menciona en el Prefacio de este libro, La Gloria no es solo una cosa, es un Él. ¿Cómo llego a esta conclusión? Leamos algunos versículos:

*Y me levanté y salí al, campo; y he aquí que **allí estaba la gloria de JEHOVÁ**, como la gloria que había visto junto al río Quebar; y me postré sobre mi rostro. (Ezequiel 3:23) (Énfasis mío)*

*Entonces **la gloria de JEHOVÁ** se elevó de encima del umbral de la casa, y **se puso** sobre los querubines. Y alzando los querubines sus alas, se levantaron de la tierra delante de mis ojos; cuando ellos salieron, también las ruedas se alzaron al lado de ellos; y se pararon a la entrada de la puerta oriental de la casa de JEHOVÁ, y **la gloria del Dios de Israel estaba por encima sobre ellos**. (Ezequiel 10:18-19) (Énfasis mío)*

Y La Gloria de Jehová se elevó de en medio de la ciudad, *y se puso sobre el monte* que está al oriente de la ciudad. *(Ezequiel 11:23) (Énfasis mío)*

Normalmente pensamos en La Gloria como algo o como una cosa, pero La Gloria es mucho más ¡es una persona! Creo que es la personificación de Dios mismo. Las ramificaciones de esto no me han sido completamente desenvueltas en este momento, pero creo que serán bastante poderosas. No solo tenemos acceso al elemento de La Gloria, tenemos acceso completo a la persona que es La Gloria. Entremos.

————— · —————

Capítulo 4

El Efecto Observador

En el campo de la física cuántica, uno de los principios más básicos (si no EL principio más básico) se conoce como "el efecto del observador". En pocas palabras, el efecto observador se puede definir de esta manera:

Lo que observo cambia lo que estoy observando.

El solo hecho de mirar algo hace que cambie. Ondas invisibles de energía o cambio de potencial simplemente con mirarlas. A medida que los científicos intentan medir estas ondas de energía, cambian de ondas de energía a una partícula—algo concreto. Ya no es una serie de ondas, se ha convertido en sustancia. Es algo que podemos observar en nuestra dimensión de tiempo y espacio. Es materia.

Colapso de la Función de Onda

Los científicos llaman a esta transformación en la que las ondas de energía colapsan en una partícula, "colapso de la función de onda". Es tomar algo que era invisible y hacerlo visible. Algo que no se veía ahora se ve.

Dentro del dominio cuántico, cualquier resultado posible está disponible en cualquier momento en el tiempo.

Así lo definen los físicos. Necesitamos hacer una pausa y meditar sobre esa declaración. A eso lo llamaríamos fe. En Hebreos 11:1:

*Es, pues, la fe la certeza de lo que se espera, **la convicción de lo que no se ve**. (Hebreos 11:1) (Énfasis mío)*

*Jesús le dijo: Si puedes creer, **al que cree todo le es posible**. (Marcos 9:23) (Énfasis mío)*

Todo lo que necesitamos, ahora o en el futuro, ya está disponible para nosotros. Tenemos esta promesa:

*Bendito sea el Dios y Padre de nuestro Señor Jesucristo, **que nos bendijo con toda bendición espiritual en los lugares celestiales [el reino invisible] en Cristo**. (Efesios 1:3) (Énfasis mío) (Las adiciones son mías)*

*Gracia y paz os sean multiplicadas, en el conocimiento de Dios y de nuestro Señor Jesús. Como todas **las cosas que pertenecen a la vida y a la piedad nos han sido dadas** por su divino poder, mediante el conocimiento de aquel que nos llamó por su gloria y excelencia. (2 Pedro 1:2-3) (Énfasis mío)*

Todo lo que necesitamos está disponible. Él lo ha proporcionado todo. Nuestro desafío ha sido aprender a hacer que lo que está en el Cielo se manifieste en la tierra. La física cuántica está explicando cómo funcionan las cosas de las que nos han hablado las Escrituras. Estas olas de gloria potencial deben colapsar en nuestra realidad, en nuestro dominio del tiempo y espacio. Lo que está en el Cielo debe manifestarse en la tierra.

*Es por la fe que entendemos que el mundo fue formado por la palabra de Dios, y **así lo visible fue hecho de lo invisible.**" (Hebreos 11:3) (Moffatt[5]) (El énfasis es mío)*

Lo que no se ve, necesita ser visto.

Los científicos se refieren a este fenómeno como "colapso de la función de onda". Esto es lo que sucede cuando oramos. Lo invisible se vuelve visible.

---

[5] Moffatt, JA (1994). *La Biblia: Traducción de James Moffatt.* Grand Rapids: Publicaciones de Kregel.

El pan nuestro de cada día, dánoslo hoy. (Mateo 6:11)

La provisión que está en el Cielo se manifiesta en la tierra a través de la comida, el agua, las finanzas, etc. Por eso oramos.

Si estoy enfermo, miro lo que dice la Palabra acerca de mi situación "por Sus llagas fui sanado"[6] y al captar lo que Él ha dicho acerca de mí—tal como lo veo con los ojos de mi corazón, mi situación cambia. Paso de la enfermedad a la salud. Lo "veo" (lo observo) y la situación cambia—colapso de la función de onda.

Cuando vemos con nuestros ojos espirituales, vemos lo que el Cielo ve sobre mí. La versión celestial de mí es la de una persona sanada, íntegra, gloriosa, sin debilidad ni enfermedad que dominen mi cuerpo. Al ver eso, soy cambiado.

*Por tanto, nosotros todos, mirando a cara descubierta como en un espejo La Gloria del Señor, **somos transformados de gloria en gloria en la misma imagen**, como por el Espíritu del Señor. (2 Corintios 3:18) (Énfasis mío)*

¡Mi observación resultará en transformación!

---

[6] 1 Pedro 2:24

Lo que es potencial en el Cielo, estalla en este reino y yo me convierto en la versión que el Cielo tiene de mí.

*Si, pues, habéis resucitado con Cristo, **buscad [observad] las cosas de arriba,** donde está Cristo sentado a la diestra de Dios. Poned la mira [la vista] en las cosas de arriba, no en las de la tierra. Porque habéis muerto, y vuestra vida está escondida con Cristo en Dios. Cuando Cristo, vuestra vida, se manifieste, entonces **vosotros también seréis manifestados con él en gloria [en un estado transformado del ser].*** *(Colosenses 3:1-4) (Énfasis mío) (Adiciones mías)*

Por eso quitamos las cosas que obstaculizan nuestra transformación. Leamos un poco más:

*Haced morir, pues, lo terrenal en vosotros: fornicación, impureza, pasiones desordenadas, malos deseos y avaricia, que es idolatría; cosas por las cuales la ira de Dios viene sobre los hijos de desobediencia, en las cuales vosotros también anduvisteis en otro tiempo cuando vivíais en ellas. Pero ahora dejad también vosotros todas estas cosas: ira, enojo, malicia, blasfemia, palabras deshonestas de vuestra boca. Ni mintáis los unos a los otros, habiéndoos despojado del hombre viejo con sus hechos, y **revestido del nuevo, el cual conforme a la imagen del que lo creó se va renovando hasta el conocimiento pleno.*** *(Colosenses 3:5-10) (El énfasis es mío)*

Lo que observamos—se manifiesta. Jesús dijo que hizo lo que vio hacer a su Padre y dijo lo que escuchó decir a su Padre. Observó lo que estaba haciendo su padre, estuvo de acuerdo con ello y se manifestó en la tierra.

*Otra vez os digo, que si dos de vosotros se pusieren de acuerdo en la tierra **acerca de cualquiera cosa que pidieren, les será hecho por mi Padre** que está en los cielos." (Mateo 18:19) (Énfasis mío)*

La palabra "pedir" implica una búsqueda de algo oculto—algo deseado. Lo que está oculto, porque nos ponemos de acuerdo con el Cielo, se manifiesta en la tierra.

Cuando esté orando por un asunto, vea con sus ojos espirituales qué es lo que desea. Una vez que lo vea, póngase de acuerdo con el Cielo para que se manifieste.

Lo hemos hecho mucho más difícil de lo que es. Simplemente estamos de acuerdo con el Cielo; ¡el Cielo nos espera! Cuando vemos a través del reino espiritual, estamos visualizando lo invisible. El propósito de tal visualización es hacer que se vea lo invisible. Una vez que vea en el espíritu, comience a soltarlo en la tierra con las palabras de su boca. Deje que su boca esté de acuerdo con lo que ve su espíritu para que pueda salir a la tierra.

En el Evangelio de Marcos, Jesús explica cómo funciona:

*Respondiendo Jesús, les dijo: Tened fe en Dios [confíen en el proceso que Dios ha instituido]. Porque de cierto os digo que cualquiera que dijere a este monte: Quítate y échate en el mar, y no dudare en su corazón, sino **creyere [es capaz de ver con sus ojos espirituales lo que desea] que será hecho lo que dice [cuando sus palabras sean una expresión de su acuerdo con el Cielo]**, lo que diga le será hecho. Por tanto, os digo que todo **lo que pidiereis orando, creed que lo recibiréis, y os vendrá.** (Marcos 11:22-24) (Énfasis mío) (Adiciones mías)*

En el último capítulo de Lucas, Jesús instruye a sus seguidores a esperar en Jerusalén hasta que sean investidos con el poder del Espíritu Santo. En Hechos 1, continúa la historia y explica por qué. En el versículo 8 dice que se convertirían en testigos. Testificar no es tanto algo que hacemos con la boca; más bien es el resultado de ver con nuestros ojos. Cuando alguien dice que fue testigo ocular de algo, significa que lo observó con los ojos. Luego contaron lo que vieron.

Una de las formas de testimonio más creíbles es el testimonio de testigos presenciales. La persona que testifica ha visto algo y está dispuesta a describir lo que vio. Al usar los ojos de nuestro corazón y observar lo que es la realidad en el Cielo, esa realidad celestial estallará y cambiará su forma en lo que se necesita. A ese punto, nuestro testimonio de testigos oculares será doble. Hemos visto en el Cielo y ahora veremos en la tierra.

Habiendo aprendido mucho de esto recientemente de la maestra de la Biblia Charity Kayembe en un video,[7] ¡vi cómo puede afectar todo lo que hacemos y todo lo que entendemos sobre La Gloria! Dentro de La Gloria está el potencial ilimitado de todo lo que se necesita en la tierra. Es la energía que se puede transformar al observar con nuestros ojos espirituales y ver lo que Dios ve y estar de acuerdo con eso. ¡La Gloria es ilimitada!

Jesús entendió esto cuando dijo:

> **Todas las cosas me fueron entregadas por mi Padre**; *y nadie conoce al Hijo, sino el Padre, ni al Padre conoce alguno, sino el Hijo, y aquel a quien el Hijo lo quiera revelar. (Mateo 11:27) (Énfasis mío)*

A medida que comprendamos estos conocimientos (serán más fáciles de comprender desde los dominios del Cielo), nuestras vidas cambiarán y las situaciones cambiarán. ¡Esto se aplica a todas las áreas!

———— · ————

---

[7] *Escuchando a Dios a través de tus sueños – Sesión 1 – Puentes hacia lo sobrenatural, Charity Kayembe,* Communion with God Ministries.

Capítulo 5

Liberando La Gloria

A menudo, cuando estoy en una reunión, me doy cuenta de una próxima liberación de La Gloria en la sala. A lo largo de los años, he aprendido a simplemente cooperar con estas interrupciones celestiales en las reuniones. Si ha participado en una de nuestras sesiones, probablemente haya notado que permitimos (e incluso invitamos) estas interrupciones. Como los caminos de Dios son mucho más altos que nuestros caminos y Sus pensamientos por encima de nuestros pensamientos, es necesario para nosotros permitir que Él trabaje en nuestras reuniones como Él desee.

No es raro ver en el espíritu lo que el Espíritu Santo está a punto de hacer. A menudo, en el espíritu, veo un gran balde sobre la cabeza de alguien, y sé que Él está a punto de liberar La Gloria sobre sus vidas. Los animo a levantar las manos y comenzar a recibir del Espíritu Santo. Muchas veces, es como si de repente se bañaran en aceite tibio o miel. Esta sensación trae al receptor una infusión de paz mientras está cubierto por Su gloriosa presencia. Incluso mientras escribo esto, muchos de ustedes sentirán repentinamente una liberación de La Gloria sobre su vida. Simplemente haga una pausa por un momento y reciba el refrigerio mientras se derrama sobre usted. El Espíritu Santo es tan maravilloso para interrumpir nuestro día con liberación de La Gloria.

Permítame compartirle cómo comencé a experimentar estas liberaciones de La Gloria en las reuniones. Hace unos cinco años, mi amiga (la difunta) Dra. Mattie Price me invitó a asistir a una serie de reuniones que ella acababa de comenzar. Se le había ordenado que iniciara una Escuela de Profetas y celebrara las reuniones el primer y tercer viernes de cada mes.

Como me fue incapaz asistir a la primera reunión, sí estuve presente en la segunda reunión. La Dra. me pidió que leyera una palabra profética dada por Rodney Howard-Brown de la que tenía una copia. Me indicó que lo leyera con "la voz de mi profeta". Siguiendo sus instrucciones (usted no le diría que no a la Dra. Mattie), comencé a leer.

Cuando terminé de leer, me di cuenta que La Gloria de Dios se había instalado en la habitación. Les di instrucciones a todos para que simplemente levantaran la mano y recibieran lo que estaba haciendo el Espíritu Santo. Comenzó a manifestarse de varias maneras en la habitación. Con esta liberación explosiva de la presencia de Dios, algunos en la sala querían comenzar a imponer las manos a otros y ministrarles. El Señor me dijo firmemente que le dijera a la Dra. Mattie que les instruyera que no lo hicieran. Lo que el Señor quería hacer en esa reunión, no lo quería compartir con otros. Quería trabajar sin nuestra ayuda. Ella les dijo a los participantes lo que el Señor me había dicho y ellos respondieron obedientemente. Vimos cómo el Espíritu Santo a través de La Gloria ministraba poderosamente a todos en la sala. No se impusieron manos sobre nadie. Era simplemente un grupo de personas respondiendo al Espíritu Santo y dejando que Dios fuera Dios.

El domingo siguiente, durante el servicio, La Gloria se asentó nuevamente, y un joven recibió el Bautismo en el Espíritu Santo sin ninguna indicación. En La Gloria acaba de recibir del Señor y comenzó a hablar en lenguas.

Hemos sabido de personas sanadas milagrosamente mientras estaban en La Gloria en momentos como estos. Desaconsejamos imponer las manos a otros a menos que el Espíritu Santo nos lo indique específicamente. Alentamos a los participantes a que simplemente permitan que La Gloria haga el trabajo. La Gloria no necesita nuestra ayuda.

Esa reunión fue simplemente el punto de partida de muchas cosas que hizo el Señor durante ese tiempo. La Escuela de Profetas continuó durante los siguientes tres años y medio cuando el ministerio relacionado pasó por una serie de transiciones, incluido el fallecimiento de la Dra. Price. Lo que comenzó ese viernes por la noche continuó impactando su ministerio durante los siguientes años hasta que falleció.

La liberación de La Gloria ha continuado. Seguimos experimentando interrupciones divinas en nuestras reuniones. Hemos aprendido a cooperar con el Espíritu Santo cuando se manifiesta así. A menudo, simplemente nos sentamos y miramos lo que hace el Espíritu Santo en las reuniones sin nuestra participación o intervención. Espontáneamente, la gente se sentirá afectada e impactada. El Espíritu Santo ha estado dirigiendo reuniones durante mucho tiempo. Él es bastante experto en hacerlo. Aprenda a entregar sus reuniones a Su dirección. Disfrutará viendo lo que Él hace.

Depender de la liberación de La Gloria en lugar de la liberación de la unción es un desafío para las personas acostumbradas al paradigma de la "imposición de manos". Sin embargo, cuando el Espíritu Santo quiere trabajar sin nuestra ayuda, significa que Él lo hará por sí mismo. Dejemos que Él haga el trabajo a través de La Gloria en lugar de interferir nosotros e imponer las manos sobre todos.

———— · ————

Capítulo 6

Arranque rápido de un servicio

Por varias razones, los servicios que estamos llevando a cabo a veces simplemente no parecen llegar a donde deben ir. Una forma sencilla de corregir esto es realizar un acto profético con los presentes en la reunión. Lo vi por primera vez demostrado por Roy Roden de Ministerios Eastgate. El impacto fue notable y como he seguido el mismo patrón, siempre he visto la atmósfera ser impactada de una manera positiva.

El Poder de la Bendición

Como creyentes, no nos bendecimos lo suficiente unos a otros. El simple acto de bendecirse unos a otros es suficiente para cambiar la atmósfera de una reunión de una buena manera. Esto es lo que hacemos:

Instruyo a las personas para que se emparejen (generalmente de dos en dos o de tres en tres). Encuentre a alguien cerca y enfréntelo con ambas manos levantadas frente a él. La otra persona está haciendo lo mismo. Pídale que coloque las manos entre las palmas de las manos sin tocar a la otra persona. Haga que dejen un espacio de media pulgada entre su (s) palma (s) y la otra (s) persona (s). Nuevamente, no toque a la otra persona. Una vez que esté mano a mano con la otra persona, comience a declarar bendiciones en su vida. Aquí hay un ejemplo:

Padre, bendigo a _____ en el nombre de Jesús. Declaro bendición sobre su hogar, sobre su negocio, sobre su trabajo, sobre su familia. Bendigo su matrimonio. Bendigo su caminar con Dios. Bendigo su levantar y su acostar. Bendigo su entrada y salida. Declaro que son bendecidos en la ciudad y bendecidos en el campo. Toda la obra de sus manos es bendita.

Si están casados, que estén llenos de la sabiduría y el amor de Dios para que sean el cónyuge, que tú deseas. Que puedas aumentar su amor por su pareja. Si son padres, que estén llenos de la sabiduría de Dios para que sean la clase de padres que Tú, Señor, has ordenado para ellos. Si son madres, que se llenen de la sabiduría de Dios para que sean la clase de madres que Tú, Señor, has ordenado para ellas. Que puedas aumentar su amor por sus hijos.

Que sean bendecidos en su trabajo o negocio. Que prosperen en todos los ámbitos de su vida. Que la gloria de Dios llene sus vidas al máximo, en el nombre de Jesús.

Como puede imaginar, cuando usted tiene una habitación llena de gente haciendo esto durante 5 a 10 minutos, la atmósfera cambiará drásticamente. La gente se enriquecerá de múltiples maneras y el Espíritu Santo podrá hacer lo que Él desee en esa reunión. Es posible que la reunión haya comenzado un poco lenta, pero debido a la liberación de la bendición, la atmósfera será notablemente diferente. Nunca he visto que esto no tenga éxito en cambiar la atmósfera de una reunión.

Liberando La Gloria

Un método alternativo que utilizo es muy similar. La mayoría de la gente no se da cuenta que lleva consigo La Gloria de Dios. El Espíritu Santo es la expresión constante y residente de la Gloria de Dios para nosotros. ¡Somos portadores! Como portadores, ¡también somos contagiosos! Lo que llevamos, otros lo pueden sentir.

¡Eres portador de La Gloria de Dios!

¡Eres contagioso!

Ahora la audiencia se posiciona como en el primer ejercicio, pero en lugar de declarar bendiciones, hago que comiencen a liberar La Gloria sobre la otra persona. Hacemos algo como esto:

Padre, en el nombre de Jesús, libero Tu gloria sobre mi hermano (o hermana). Libero la plenitud de Tu presencia sobre ellos y su cuerpo, su alma, su espíritu. Hablo a su alma: ¡Responde a la Gloria de Dios que reside dentro de ti! Le hablo a su cuerpo diciendo: ¡Responde a la gloria de Dios! ¡Recibe la liberación de La Gloria! ¡Recibe La Gloria!

Continúo por esa línea durante varios minutos. Las personas a menudo sentirán fuego o calor proveniente de sus manos o de la otra persona, pueden sentir lo que se puede describir mejor como pinchazos, o posiblemente la energía que puede sentir cuando sostiene dos imanes cerca uno del otro y puede sentir el campo de energía de los imanes.

A menudo, hago que se den la vuelta y se emparejen con otra persona y repitan el proceso. La diferencia es tangible ya que La Gloria se libera en la reunión.

Tu Intención es imperativa

Recuerde, no son solo las palabras que dice, sino la intención de su corazón para liberar La Gloria a la otra persona. ¡Es un acto de fe y la fe obra por intención!

¡La fe obra por intención!

Mientras digo las palabras, tengo *la intención* que La Gloria sea liberada sobre la otra persona, así ocurre. Independientemente del método que usted utilice, como *la intención* de bendecir o *la intención* de liberar la Gloria, verá la diferencia que hace en la reunión.

Recientemente, estábamos en un servicio en la iglesia y el pastor nos indicó que nos emparejáramos y liberáramos La Gloria en la vida de la otra persona. Mi esposa, que estaba emparejada con un joven, comenzó a liberar La Gloria sobre su vida. Las lágrimas comenzaron a rodar por su rostro mientras era tocado por la presencia de Dios. En otra parte de la habitación, un joven estaba siendo tocado por el poder de Dios cuando se liberó La Gloria. Fue su primera experiencia con esta expresión y ambos jóvenes estaban visiblemente conmovidos.

Con la intención, estoy modelando mi fe hacia un fin deseado, en esta situación, para liberar La Gloria o para liberar la bendición. Según Hebreos 11:1, la fe es sustancia y la sustancia es lo que uso para dar forma al fin deseado.

Asegúrese de añadir intención
a las palabras que le dice
a la otra persona.

A veces, las personas se emparejan de dos en dos, pero también pueden hacerlo en grupos de tres o cuatro. Se vuelve un poco más engorroso si los grupos son demasiado grandes, así que animo a los grupos a que se mantengan pequeños. Probablemente usted querrá hacer lo mismo.

Una vez más, nadie está tocando a la otra persona, ya que permitimos que La Gloria haga lo que hace. Este acto profético no depende de la unción de alguien y, por lo tanto, no estamos liberando "su" unción. Estamos liberando Bendición o La Gloria. Es una dinámica diferente.

Muchas personas querrán por defecto tocar a la otra persona, pero parece tener un efecto de disminución en lugar del efecto de aumento que estamos buscando. Su mayor desafío en esto es ayudarlos a aprender a dejar que La Gloria haga el trabajo.

Esta es una forma diferente de operar ya que cooperamos con La Gloria. Cuando trabajo con personas en estos entornos, una vez que se relajan y permiten que La Gloria haga su trabajo, se sorprenden de cómo el Espíritu Santo orquesta las cosas y toca a las personas— a veces de una en una y otras en grupos. A veces, toda la audiencia se ha visto abrumada por la liberación de La Gloria en la sala. La Gloria no depende de mí ni de mi nivel personal de unción o de mi fuerza física.

He sido parte de reuniones en las que he visto a la gente utilizar su unción y ministrar a la gente. Sin embargo, cuanto más cansados físicamente se sentían, más probable era que la unción disminuyera. Cuando coopero con La Gloria, no siento un debilitamiento porque no depende de la fuerza física de ninguna persona.

Si estoy dirigiendo la reunión, puede que esté físicamente cansado simplemente por caminar o por cualquier cosa que haya estado haciendo físicamente, pero no he tenido que esforzarme como lo hago normalmente cuando opero con mi unción. Encuentro que operar en La Gloria es superior. Se puede hacer más en menos tiempo y con mejores resultados de lo que podría ocurrir de otra manera.

No importa si ríen, lloran o simplemente se quebrantan en la presencia del Señor. Algunos temblarán con el poder de Dios sobre ellos, otros caerán. Las manifestaciones son muchas, pero siempre responderemos a La Gloria.

———— · ————

Capítulo 7

Porque soy un Portador

Bryan y Katie Torwalt escribieron una canción titulada "When You Walk into the Room"[8] sobre el impacto de Jesús cuando entra en nuestras situaciones. Sin embargo, a veces perdemos el aspecto que Jesús quiere que entendamos que cuando nosotros, como creyentes, entramos en una habitación, Él entra con nosotros. La letra del primer verso dice:

Cuando entras en la habitación todo cambia

La oscuridad comienza a temblar ante la luz que Tú traes

Y cuando entras en la habitación cada corazón empieza a arder

Y nada importa más que sólo sentarse aquí a Tus pies y adorarte

---

[8] © 2013 Jesus Culture (Admin. by Jesus Culture Music)

Te adoramos

Si nosotros, por intención, liberamos La Gloria donde quiera que vayamos, comenzaremos a ver cambios en la atmósfera donde sea que estemos. Donde pudo haber estado reinando la confusión, ahora reina la paz. Donde la enfermedad pudo haber sido dominante, su efecto estará disminuyendo.

En Isaías 60: 1, Isaías escribió:

Isaías 60:1: "Levántate, resplandece, porque ha venido tu luz, y la gloria de Jehová ha nacido sobre ti."

El traductor de la Biblia Herder lo traduce: "Sé luz".

Cuando entramos en una habitación, todo debería comenzar a cambiar—atmósferas, actitudes, acciones— porque somos portadores de una fuente superior de vida: La Gloria de Dios.

Habacuc 2:14: "Porque la tierra será llena del conocimiento de la gloria de JEHOVÁ, como las aguas cubren el mar."

La palabra conocimiento proviene del hebreo "yada" e implica un conocimiento íntimo en oposición a un ascenso mental a un concepto. "Yada" es la palabra usada en Génesis 4:1:

*"**Conoció** Adán a su mujer Eva, la, cual concibió y dio a luz a Caín, y dijo: Por voluntad de Jehová he adquirido varón." (Énfasis mío)*

Se necesitó más que un ascenso mental para que Caín fuera concebido. Un conocimiento íntimo de Eva ocurrió cuando Adán se hizo uno con ella y el resultado fue la concepción de Caín.

Si la tierra se llenará de un conocimiento íntimo de La Gloria, será necesario que los creyentes se vuelvan íntimos con el Padre. La gente de la tierra y la tierra misma tendrán un encuentro íntimo con La Gloria del Señor. Esa intimidad cubrirá la tierra como las aguas cubren el mar.

Una vez que entendamos quiénes somos y lo que se ha depositado en nosotros, podremos entrar al Walmart y efectuar un cambio en la atmósfera. Mientras camina por el pasillo de la sección de alimentos congelados, libere La Gloria. A medida que avance por el pasillo de los cereales, libere La Gloria. Simplemente libere La Gloria. Comenzará a asentarse el caos que a menudo forma parte del ambiente de la tienda. Ayudará a calmar a los niños pequeños que habían estado alterados solo unos momentos antes. ¡Afectará el cambio! ¡El efecto hará cambios!

¡La Gloria cambia las atmósferas!

Muchos de los que lean este libro podrán citar 1 Juan 4:4, pero ¿lo creemos?

1 Juan 4:4: "Hijitos, vosotros sois de Dios, y los habéis vencido; porque mayor es el que está en *vosotros, **que el que está en el mundo.**" (Énfasis mío)*

¿Cómo puedo saber? Mire su vida y pregúntese: "¿Soy más una víctima que un vencedor?" "¿Las cosas me pasan a mí o las cosas pasan para mí porque yo provoco un cambio?"

Si es más una víctima que un vencedor, este versículo y su verdad aún no son reales para usted. Si las cosas le suceden constantemente, todavía no tiene esta verdad establecida dentro de usted. Las cosas que pasan en mi vida no son accidentales. Están orquestadas. ¡Vivo con un propósito y vivo en un propósito! Es una forma de vida muy diferente que muchos aún no han experimentado. Entiendo que porque tengo un propósito, puedo vivir para ese propósito y las cosas me suceden para mí, no a mí. Nada en mi vida es por accidente. ¡Usted también puede vivir con un propósito! ¡Lo recomiendo!

---

*¡Empiece a vivir su propósito
en la tierra!*

Una vez que creamos las palabras de 1 Juan 4:4, las cosas cambiarán a nuestro alrededor. Al caminar con este entendimiento, nos veremos caminando intencionalmente. Veremos nuestra parte en la liberación de La Gloria en la tierra y cumpliremos con nuestra responsabilidad ante el Señor.

Las palabras de Jesús cobrarán un nuevo significado a medida que entendamos nuestra responsabilidad:

*Mateo 6:33-34: "Mas **buscad primeramente el reino de Dios** y su justicia, y todas estas cosas os serán añadidas. Así que, no os afanéis por el día de mañana, porque el día de mañana traerá su afán. Basta a cada día su propio mal." (Énfasis mío)*

Ser de mente celestial

Muchos han escuchado la frase: "Tiene una mente tan celestial que no parece estar bien de la cabeza", sin embargo, debemos volver a leer ese dicho. El Espíritu Santo me habló un día acerca de ese dicho y dijo: "Eso fue dicho con un espíritu de burla". Mi amiga Heidi tiene una visión completamente diferente de ese dicho:

¡Quiero tener una mente tan celestial que sea terrenalmente increíble!

En Colosenses, Pablo nos instruye:

*Colosenses 3: 1-3: "Si, pues, habéis resucitado con Cristo, **buscad las cosas de arriba**, donde está Cristo sentado a la diestra de Dios. **Poned la mira en las cosas de arriba, no en las de la tierra.** Porque habéis muerto, y vuestra vida está escondida con Cristo en Dios." (Énfasis mío)*

La Biblia The Passion Translation (TPT) traduce ese pasaje de esta manera:

Colosenses 3:1-3: "La resurrección de Cristo también es tu resurrección. ¡Es por eso que debemos anhelar todo lo que está arriba, porque ahí es donde Cristo se sienta en el trono en el lugar de todo poder, honor y autoridad! Sí, deléitate con todos los tesoros del reino celestial y **llena tus pensamientos con realidades celestiales, y no con las distracciones del reino natural.** *Tu crucifixión con Cristo ha roto el vínculo con esta vida, y ahora tu verdadera vida está escondida en Dios en Cristo. (Énfasis mío)*

En lugar de prestar atención a las burlas de esa vieja frase que se usaba para desacreditar a quienes eran más conscientes del Cielo que de la tierra, deberíamos buscar imitar a esos santos e introducir el Cielo en la tierra. Se nos instruye a poner nuestra mente en el Cielo y las cosas del Cielo.

Ser tan conscientes de la tierra es estar en desobediencia directa a la instrucción de Colosenses 3:1.

Una vez que usted se dé cuenta de esto, encontrará el concepto reiterado en todo el Nuevo Testamento. No se trataba de una mera sugerencia transitoria.

Como se mencionó anteriormente, el Evangelio de Mateo fue escrito para presentarnos el Reino del Cielo y cómo se aplica a nuestra vida en la tierra. A medida que vivimos desde de este ámbito, vivir las verdades de Jesús dichas en el Sermón del Monte se vuelve fácil. Nos encontraremos viviendo las bienaventuranzas. Las instrucciones de Jesús no serán difíciles, sino que serán el resultado natural de una relación que se centra en el Cielo y presenta el Cielo al mundo que le rodea. La fruta crece en las plantas porque está conectada al sistema de raíces. A medida que estemos arraigados y cimentados en Jesús, producirá un fruto que lo refleje de forma natural. ¡No tendremos que intentar que esto suceda! Es una forma de vida superior.

No estoy hablando de vivir de una manera en la que parezcas "separado" del mundo que nos rodea. Por el contrario, puede que usted sea bastante consciente del mundo que le rodea, pero aún será más consciente del mundo que rodea a ese mundo—el mundo real. Debemos darnos cuenta que el Cielo es lo real, esta tierra es el vapor.[9] El lugar donde residimos ahora pasará, pero el Reino del Cielo es eterno.

Elegido para La Gloria

De acuerdo con Romanos 9, ¡hemos sido elegidos para experimentar La Gloria!

*"Y NO también tienen derecho para liberar la revelación de la riqueza de su gloria a sus vasos de misericordia **que Dios preparó de antemano para recibir su gloria?** [24] Incluso para nosotros,*

---

[9] Santiago 4:14, Salmo 39: 5, Salmo 39:11, Salmo 62: 9, 2 Corintios 4:18

*seamos judíos o no judíos, somos aquellos a quienes **él ha llamado a experimentar su gloria.***

*Romanos 9:23-24: "¿y para hacer notorias las riquezas de su gloria, las mostró para con los vasos de misericordia **que Él preparó de antemano para gloria, a los cuales también ha llamado**, esto es, a nosotros, no sólo de los judíos, sino también de los gentiles?"*

Dios decidió hace mucho tiempo que deberíamos ser partícipes de Su Gloria, pero no solo partícipes, sino experimentar Su Gloria.

1 Corintios 2:7: "Mas hablamos sabiduría de Dios en misterio, la sabiduría oculta, la cual Dios predestinó antes de los siglos para nuestra gloria,"

¡Esta no es una decisión de último momento! ¡Ha sido el plan de Dios todo el tiempo! ¡PARTICIPEMOS!

————— · —————

Capítulo 8
Creciendo en La Gloria

Transformando La Gloria

Aunque no es un pensamiento popular, Pablo descubrió que la persecución aumentaba el grado de gloria que estaba sobre su vida y que fue liberada a lo largo de su vida. En Mateo 5:10, Jesús nos dice:

> Mateo 5:10: *"Bienaventurados los que padecen persecución por causa de la justicia, porque de ellos es el reino de los cielos."*

Ninguno de nosotros está haciendo cola para ser perseguido pero no tenemos que ir a buscarlo. La persecución nos encontrará. Lo que hagamos con ella puede determinar el grado de beneficio que recibamos de la persecución. ¿Aumentará La Gloria en mi vida o disminuirá?

Pablo no se dejó disuadir por el sufrimiento o la persecución. Tenía esto que decir en Romanos 8:

Romanos 8:18: "Pues tengo por cierto que las aflicciones del tiempo presente no son comparables con la gloria venidera que en nosotros ha de manifestarse." [o con la gloria que debe perfeccionarse en nosotros].

Pablo tenía el ojo puesto en el premio: ¡La Gloria!

Para obtener vino de las uvas, las uvas deben experimentar un aplastamiento. Para obtener aceite de aceitunas, las aceitunas deben prensarse. Es el prensado o triturado lo que libera el aceite o jugo que se convierte en vino dulce en nuestras vidas. ¿Cooperaremos en estas temporadas de nuestras vidas?

Hace muchos años, mi esposa y yo pasamos por un momento increíblemente difícil provocado por la traición y persecución de un pastor y una iglesia con la que estábamos profundamente involucrados. Recibimos fuertes críticas por cosas de las que ni siquiera éramos culpables o de las que no éramos parte, pero en esta situación los hechos no les importaban a las otras personas involucradas. Los hechos a menudo no importan cuando la gente quiere perseguirte.

Aunque fue un momento doloroso y una temporada muy solitaria en nuestras vidas, fuimos mejorados en lugar de amargados. Elegimos desde el principio perdonar y bendecir. No fue la respuesta con la que nuestra carne se habría deleitado, pero fue la respuesta dictada por nuestro Padre Celestial. Mi esposa les dirá que la unción musical sobre ella aumentó drásticamente durante ese tiempo. El prensado liberó el dulce vino del Espíritu Santo en su vida y a través de su música.

Pablo descubrió lo mismo. En 2 Corintios relata algunas de sus experiencias:

2 Corintios 11:23-33: "Yo más; en trabajos más abundante; en azotes sin número; en cárceles más; en peligros de muerte muchas veces. De los judíos cinco veces he recibido cuarenta azotes menos uno. Tres veces he sido azotado con varas; una vez apedreado; tres veces he padecido naufragio; una noche y un día he estado como náufrago en alta mar; en caminos muchas veces; en peligros de ríos, peligros de ladrones, peligros de los de mi nación, peligros de los gentiles, peligros en la ciudad, peligros en el desierto, peligros en el mar, peligros entre falsos hermanos; en trabajo y fatiga, en muchos desvelos, en hambre y sed, en muchos ayunos, en frío y en desnudez; y "además" de otras cosas, lo que sobre mí se agolpa cada día, la preocupación por todas las iglesias. ¿Quién enferma, y yo no enfermo? ¿A quién se le hace tropezar, y yo no me indigno? Si es necesario gloriarse, me gloriaré en lo que es de mi debilidad. El Dios y Padre de nuestro Señor Jesucristo, quien es bendito por los siglos, sabe que no miento. En Damasco, el gobernador de la provincia del rey Aretas guardaba la ciudad de los damascenos para prenderme; y fui descolgado del muro en un canasto por una ventana, y escapé de sus manos."

Pablo reiteró este tema anteriormente en su segunda carta a los creyentes de Corinto:

*2 Corintios 4:16-18: "Por tanto, no desmayamos; antes aunque este nuestro hombre exterior se va desgastando, el interior no obstante se renueva de día en día. Porque **esta leve tribulación momentánea produce en nosotros "un cada vez más excelente" y eterno peso de gloria**; no mirando nosotros las cosas que se ven, sino las que no se ven; pues las cosas que se ven son temporales, pero las que no se ven son eternas." (Énfasis mío)*

En sus notas sobre el v. 18, Brian Simmons escribe:

La fuente de nuestra transformación proviene de la gloria de Cristo, y el destino al que somos llevados es más gloria. La gloria transformadora es el resultado de contemplar la belleza y el esplendor de Jesucristo.[10]

¡Aprendamos a contemplar la belleza y el esplendor de Cristo!

La expectativa de Gloria

Pablo había experimentado algunos días malos, pero en el capítulo 12 revela que su sufrimiento había contribuido a aumentar su acceso a los dominios del

---

[10] The Passion Translation – Brian Simmons (nota de 2 Corintios 4:18)

cielo y el grado de revelación que se le había dado. La Gloria aumentó en su vida y ministerio. Vio más demostraciones del poder de Dios porque había soportado fielmente los sufrimientos y persecuciones.

Pablo nos describe las maravillas de este misterio:

*Colosenses 3:24-29: "Ahora me gozo en lo que padezco por vosotros, y cumplo en mi carne lo que falta de las aflicciones de Cristo por su cuerpo, que es la iglesia; de la cual fui hecho ministro, según la administración de Dios que me fue dada para con vosotros, para que anuncie cumplidamente la palabra de Dios, el misterio que había estado oculto desde los siglos y edades, pero que **ahora ha sido manifestado a sus santos, a quienes Dios quiso dar a conocer las riquezas de la gloria de este misterio entre los gentiles; que es Cristo en vosotros, la esperanza de gloria, a quien anunciamos, amonestando a todo hombre, y enseñando a todo hombre** en toda sabiduría, a fin de presentar perfecto en Cristo Jesús a todo hombre; para lo cual también trabajo, luchando según la potencia de Él, la cual actúa poderosamente en mí." (Énfasis mío)*

Pablo había descubierto el tesoro y no solo sus sufrimientos lo enriquecieron a sí mismo, sino que sus sufrimientos también sirvieron para enriquecer a los creyentes que escucharían lo que él compartía. Los sufrimientos de Pablo le permitieron identificarse con los sufrimientos de Jesús. ¡Los sufrimientos de Jesús nos permiten experimentar Su Gloria!

En sus escritos, Pablo diferencia entre persecución injusta y persecución justa. Pablo fue víctima de una persecución injusta a lo largo de su ministerio. Era simplemente un precio que estaba dispuesto a pagar por causa del Evangelio. Podemos crear situaciones que provoquen persecución y, dado que son de nuestra propia creación, no tienen el mismo resultado justo de liberar más Gloria en nuestras vidas. Si vamos a soportar el sufrimiento, soportémoslo por el amor de Cristo, no por el nuestro.

> *Corintios 4:16-18: "Por tanto, no desmayamos; antes aunque este nuestro hombre exterior se va desgastando, el interior no obstante se renueva de día en día. Porque esta leve tribulación momentánea produce en nosotros "un cada vez más excelente" y eterno peso de gloria; no mirando nosotros las cosas que se ven, sino las que no se ven; pues las cosas que se ven son temporales, pero las que no se ven son eternas."*

O como diría la biblia The Passion Translation:

2 Corintios 4:16-18:

> [16] *Así que no es de extrañar que no nos demos por vencidos. Porque aunque nuestra persona exterior se desgasta gradualmente, nuestro ser interior se renueva todos los días.* [17] *Consideramos nuestros problemas leves y de corta duración a la luz de la eternidad. Vemos nuestras dificultades como la sustancia que nos produce **una gloria eterna y pesada que va***

más allá de toda comparación, [18] porque no enfocamos nuestra atención en lo que se ve, sino en lo que no se ve. Porque lo que se ve es temporal, pero el reino invisible es eterno. (El énfasis es mío)

El sufrimiento tiene un propósito y el sufrimiento produce fruto, el fruto de la justicia en nuestra vida. El fruto de mayor gloria, honor y paz.

Expectativa Ansiosa

Como se mencionó anteriormente, Pablo tenía el ojo puesto en el premio: la liberación venidera de La Gloria. Escribió en Romanos 8 sobre esto:

Romanos 8:18-24 (TPT):

*[18] Estoy convencido que cualquier sufrimiento que soportamos es menos que nada comparado con la magnitud de la gloria que está a punto de ser revelada dentro de nosotros. [19] ¡El universo entero está de puntillas, anhelando ver la revelación de los gloriosos hijos e hijas de Dios! [20] Porque contra su voluntad, el universo mismo ha tenido que soportar la futilidad vacía que resulta de las consecuencias del pecado humano. Pero ahora, con **ansiosa expectativa**, [21] toda la creación anhela liberarse de su esclavitud a la decadencia y experimentar con nosotros la maravillosa libertad que llega a los hijos de Dios. [22] Hasta el día de hoy somos conscientes de la agonía y el gemido universal de la creación, como*

*si estuviera en las contracciones del trabajo de parto. ²³ Y no es solo creación. Nosotros, que ya hemos experimentado las primicias del Espíritu, también gemimos por dentro **mientras anhelamos apasionadamente experimentar nuestro estado completo como hijos e hijas de Dios,** incluido nuestro cuerpo físico siendo transformado. ²⁴ Porque esta es la esperanza de nuestra salvación." (Énfasis mío)*

El cumplimiento de esta manifestación como hijos de Dios está ligado a que la tierra se llene del conocimiento de La Gloria del Señor de la que hablamos anteriormente. La Gloria es la atmósfera del Cielo y la expresión del Cielo en la tierra. Solo hemos tenido una comprensión limitada de esta dinámica, por lo que hemos tenido un beneficio limitado de ella.

A medida que aprendamos a cooperar con La Gloria y agradezcamos su liberación en la tierra, veremos a las personas cambiadas; las iglesias y los ministerios cambiados; ciudades y pueblos, estados y naciones cambiadas. Esa es la promesa de Dios para nosotros. Él lo cumplirá.

Brian Simmons (traductor de la biblia The Passion Translation) hizo esta nota sobre el versículo 19:

El universo creado no es más que el telón de fondo de la dramática aparición de los hijos e hijas de Dios desvelados con la gloria de Jesucristo sobre ellos. El tiempo del verbo en el texto griego es claro que esta "revelación" es inminente, pronto sucederá y está destinada a suceder. **La gloria de Cristo vendrá a nosotros, entrará en nosotros, nos llenará, nos envolverá y luego se revelará a través de nosotros como participantes de la gloria.** *Aunque Dios no compartirá su gloria con ningún otro, ya no somos "otro", porque somos uno con el Padre, el Hijo y el Espíritu Santo mediante la fe en Cristo.[11] (Énfasis mío)*

Anhelamos ese día.

———— · ————

---

[11] The Passion Translation – nota de Romans 8:19

Capítulo 9

Creando un Entorno Acogedor

Como he presentado a las iglesias de todo el mundo el concepto de cooperar con La Gloria y Acceder a los Dominios del Cielo, he notado esto—ya sea que seas un ministerio pequeño o grande—La Gloria tiende a llegar a lugares que le dan la bienvenida. El principio del honor está en funcionamiento:

*Lo que honramos
nos beneficia.*

Honramos La Gloria de muchas maneras. Una de las formas es reduciendo el desorden innecesario en nuestro entorno físico. El desorden distrae. El impacto psicológico que tiene en una audiencia ver un escenario que está muy abarrotado versus uno que es visualmente mucho más simple es notable.

El Entorno Físico

Cuando comencé a trabajar con la Escuela de los Profetas (lo mencioné antes), no tenía control sobre el entorno físico. La Dra. Price, que era una persona motivada por la misericordia, se aprovechaba de ello una y otra vez. La gente llevaba algo al vertedero para su eliminación y decidía: "Quizás la Dra. Mattie podría usar esto". Lo llevaban a su ministerio y lo dejaban. Rara vez ella les decía "no" y, con el tiempo, más y más basura se acumulaba en las instalaciones. Quizás usted conozca gente o lugares como ese.

Varios meses después de mi participación en la Escuela de los Profetas con la Dra. Mattie, ella tuvo que tomarse un año sabático médico. Posteriormente me convertí en el Pastor Interino del ministerio. Una de las primeras instrucciones del Espíritu Santo fue limpiar el desorden.

El entorno físico estaba extremadamente desordenado de adelante hacia atrás. El auditorio tenía muchos artículos innecesarios esparcidos por todas partes. Eso mostraba confusión y desorden y sabemos que Dios no es el autor de la confusión, sino de la paz.[12]

Varios amigos y socios del ministerio se pusieron inmediatamente a la tarea de limpiar todos los elementos innecesarios de la instalación, especialmente en el

---

[12] 1 Corintios 14:33: "pues Dios no es Dios de confusión, sino de paz. Como en todas las iglesias de los santos,"

auditorio. Mientras lo hacíamos, se hizo evidente un aumento en el nivel de La Gloria. Limpiamos la basura, limpiamos y pintamos el local y reparamos de arriba a abajo. Una vez que lo hicimos, fue más fácil entrar en los dominios del cielo y La Gloria se liberó cada vez más entre nosotros.

También limpiamos por fuera del edificio y en los alrededores. Revisábamos el área con regularidad en busca de basura y otros escombros que pudieran haber sido arrojados a la propiedad. Pintamos lo que había que pintar, por fuera y por dentro. A medida que el ambiente se volvió más acogedor, la presencia tangible de La Gloria aumentó.

Una vez enseñé un curso sobre marketing eclesiástico en un seminario y una de las frases que usamos fue esta:

Si corta el césped en su iglesia, la está promocionando.

Si no corta el césped en su iglesia, la está promocionando.

De cualquier manera, estamos promocionando la iglesia. ¿Cuál es el mensaje que estamos transmitiendo? Una vez viví al lado de una iglesia que permitía que los arbustos alrededor del edificio crecieran demasiado. Algunos arbustos eran lo suficientemente altos como para cubrir las ventanas. El mensaje (aunque sutil) era: "¡No vengas! ¡No eres bienvenido!"

Incluso si voy a estar en un lugar de reunión solo unos días, siempre estoy al tanto del entorno físico y del mensaje que está enviando a quienes asisten a la reunión, a los que nos miran desde lejos y, sobre todo, ¡al Espíritu Santo! ¿Estamos creando un ambiente en el cual Él sería bienvenido y al cual estaría feliz de asistir? La Gloria puede manifestarse en su entorno sin prestar atención a estos detalles, pero la experiencia me ha dicho que si presto atención a la condiciones del entorno, el sentido de La Gloria aumentará.

¿Estamos, según nuestro entorno físico, enviando un mensaje al Espíritu Santo de: "No vengas"? Si es así, entonces debemos tomar medidas correctivas inmediatas y comenzar a despejar el desorden. Si es necesario, asigne personal para que revise el patio alrededor de su instalación y recoja la basura, las colillas de cigarrillos, las hojas u otros escombros que puedan estar en su propiedad. ¡Conviértalo en un lugar acogedor para La Gloria! Envíe el mensaje: "Espíritu Santo, ¡eres bienvenido aquí! Visítanos a nosotros. ¡Mejor aún, quédate con nosotros!"

Debemos ver esta responsabilidad como algo más en las instalaciones de nuestra iglesia. Si queremos La Gloria en nuestro hogar, hagamos el esfuerzo de hacer que el entorno sea propicio para una liberación de La Gloria en nuestro hogar. En nuestro vecindario deberíamos asumir una responsabilidad similar. Incluso en el pueblo o ciudad en la que vivimos, debemos tomar nota de estas cosas y convertirnos en parte de la solución en lugar del problema. Nuestra casa debería ser una de las más bonitas de la cuadra. (Independientemente de su tamaño, debe verse bien cuidada). Nuestro barrio debe reflejar un ambiente que invite a la presencia de Dios. Queremos lo mismo para nuestra ciudad, pero comienza por nosotros y nuestra iglesia. Haga lo que sea necesario para crear un ambiente que dé la bienvenida a la presencia de Dios.

———— · ————

Capítulo 10

La Santidad y La Gloria

Nuestra vida personal debe reflejar sumisión a Dios y a Su Palabra. No deberíamos estar viviendo en pecado (obvio o no). No obtenemos un pase para vivir en adulterio solo porque lo amamos. No tenemos permiso para mentir, engañar o cometer ningún otro pecado simplemente por ser quienes somos.

> *¡La gracia no es un pase gratuito al pecado! La gracia le impide experimentar las consecuencias resultantes de su pecado. La gracia nunca lo excusa.*

Mirando nuestra sociedad e interiormente a la iglesia, debemos reconocer que los miembros del cuerpo de Cristo se parecen más al mundo de lo que deberían. Debemos ser conscientes que algunas cosas no reflejan un caminar en santidad ante Dios. Si nuestra ropa dice:

"¡Mírame!" o "¡Mira mi cuerpo!" entonces tenemos que volver a casa y hacer algunos ajustes en nuestro atuendo.

Tanto para hombres como para mujeres, las opciones de ropa a menudo están diseñadas para crear o atraernos a la lujuria. Los escotes a menudo se cortan muy bajos mientras que los dobladillos son demasiado cortos. No tenemos escasez de tela, un poco más no haría daño a las damas. Mujeres, no están a la venta, así que no pongan todos los productos a la vista. Hombres, ustedes son igual de culpables. ¿Sobre qué estás tratando de llamar la atención?

Pablo lo expresó claramente cuando escribió:

1 Corintios 10:31: "Si, pues, coméis o bebéis, o hacéis otra cosa, hacedlo todo para la gloria de Dios."

---

*Si nos pareciéramos más a Jesús
y menos al mundo,
entonces el mundo querría más de
Jesús y menos del mundo.*

En otro versículo, Pablo escribió:

1 Corintios 6:20: "Porque habéis sido comprados por precio; glorificad, pues, a Dios en vuestro cuerpo y en vuestro espíritu, los cuales son de Dios."

Anarquía Personal

El Espíritu Santo en algún momento exigirá que reconozcamos si nuestro comportamiento personal refleja La Gloria o algo más. ¿Somos anárquicos en nuestro comportamiento?

No estoy hablando de si robamos bancos o algo drástico por el estilo. ¿Qué pasa con nuestros hábitos de conducción? ¿Tratamos de cumplir con los límites de velocidad establecidos o aceleramos sin conciencia? Si aceleramos como un patrón regular de comportamiento, puede que lo hagamos sin conciencia, pero la falta de conciencia podría ser simplemente el resultado de haber cauterizado la misma en este campo. ¿Cuál es el mensaje que le estamos enviando al Espíritu Santo? Podemos decirnos a nosotros mismos que, "¡Todo el mundo lo hace!" ¿Desde cuándo es eso una justificación para nuestro comportamiento?

Pablo planteó la pregunta en Romanos 6:1

"¿Perseveraremos en el pecado para que la gracia abunde?" ¡No! El comportamiento de un creyente debe reflejar al Maestro Jesús, no al maestro del sistema del mundo.

El exceso de velocidad es solo un ejemplo. Se podrían nombrar muchos otros. El exceso de velocidad no debería ser un hábito. Si el Espíritu Santo inquieta su corazón con respecto a un comportamiento, corríjalo. *Pequeños zorros estropean la vid.*[13]

¿Quiere que más de La Gloria se manifieste en su vida?

¡Deje el exceso de velocidad!

Es útil estar consciente de las cosas que pueden afectar la liberación de La Gloria en su vida. A medida que realice los ajustes necesarios, es probable que experimente una mayor liberación de La Gloria.

Haciendo lo que agrada a Dios

En Romanos 2, Pablo escribe:

*Romanos 2:7-11: "**vida eterna a los que, perseverando en bien hacer, buscan gloria y honra e inmortalidad**, pero ira y enojo a los que son contenciosos y no obedecen a la verdad, sino que obedecen a la injusticia; tribulación y angustia sobre todo ser humano que hace lo malo, el judío primeramente y también el griego, **pero gloria y honra y paz a todo el que hace lo bueno**, al judío primeramente y también al griego; porque no hay acepción de personas para con Dios." (Énfasis mío)*

---

[13] Cantar de los Cantares 2:15

Su énfasis estaba en los creyentes romanos (que vivían en condiciones muy duras). Nerón era emperador y sus acciones sádicas estaban causando un gran daño a los creyentes en todo el imperio romano, no solo en Jerusalén. No pasaría mucho tiempo antes que Pablo fuera encarcelado por última vez por su fe. Aún así, animó a los creyentes a vivir siempre una vida que reflejara a Jesús. Tenían que hacer de la búsqueda de Dios un enfoque constante. Como resultado, experimentarían mayores liberaciones de La Gloria en sus vidas. En el versículo 10 dijo que podían esperar una gloria imperecedera.

No toleramos a Jezabel

Cada uno de nosotros que tenemos un teléfono celular ahora llevamos potencialmente una tienda de pornografía en nuestro bolsillo. Tenemos fácil acceso a todo tipo de comportamiento y material vil. Debemos estar seguros que no estamos tolerando a Jezabel o al espíritu de Jezabel de ninguna manera en nuestra vida. Apocalipsis Capítulo 2 habla de la Iglesia en Tiatira y cómo toleraron a Jezabel. Toleramos a Jezabel con cualquier comportamiento sexual no permitido en las Escrituras, ya sean relaciones sexuales heterosexuales u homosexuales, pornografía, lesbianismo, sadismo, masoquismo, pedofilia, fornicación o adulterio (incluido el incesto) y bestialidad. Estos comportamientos nunca deben asociarse con la vida de un cristiano. Si toleramos estos comportamientos, en nuestras vidas, iglesias o ministerios, obstaculizarán nuestra voz en la tierra. Debemos limpiar nuestras vidas en el área de nuestra sexualidad para que nuestras vidas honren a Dios en todas las formas posibles.

¿Quiere que más de La Gloria se manifieste en su vida?

¡Deje de pecar!

———— · ————

Capítulo 11

Medios de Liberación

La variedad de medios que Dios usa para liberar a sus hijos parece infinita. Muchos creyentes están mucho más afectados por el estrés de lo que creen. Sin embargo, nuestro Padre Celestial sabe esto muy bien, lo cual es una de las razones por las que cooperar con La Gloria es tan vital. Si ha leído algunos de mis otros libros, sabrá que hablo de soluciones falsas. Las soluciones falsas son la falsificación de Satanás a la provisión de Dios para la humanidad. Por ejemplo, un lector de manos es una solución falsa para proporcionar acceso al reino profético falso. Esto ocurre cuando la iglesia (cuerpo de Cristo) en un área, no da lugar a la verdadera profecía.

Una situación similar ocurre con el Yoga y la meditación. La Biblia indica que ya tenemos la verdadera solución para lidiar con el estrés mediante la adoración y la oración en el Espíritu. Sin embargo, cuando la iglesia no acepta estas dinámicas, abre la puerta para que surjan falsas soluciones, lo cual sucede.

Los bares también son una falsa solución. Debido a que el Cuerpo de Cristo no ha permitido una liberación y expresión emocional legítima a través de la participación en alabanza y adoración dinámicas, Satanás ofrece una solución falsa. Los bares y locales de baile son parte de esa falsa solución. Cuando veo bares en una ciudad, sé que las iglesias en esa ciudad probablemente sean muy religiosas y no permitan a su gente una expresión emocional legítima. La gente buscará un entorno que les permita expresarse. Si la iglesia no lo proporciona, entonces el mundo lo hará.

Nosotros, el Cuerpo de Cristo, no podemos quejarnos de lo que está haciendo el mundo. Simplemente están llenando un vacío sin el Espíritu de Dios. Como iglesia, es nuestra culpa que el vacío haya sido creado en primer lugar. A medida que la iglesia comience a arrepentirse de sus faltas y permita que surjan expresiones bíblicas legítimas, los bares se cerrarán, porque no tendrán una razón legítima para existir.

A medida que la iglesia ofrezca entornos donde las personas puedan relajarse y refrescarse de las presiones de la vida, los lugares de yoga y meditación tendrán que cerrar.

Lo mismo ocurrirá con los lectores de manos, los lectores de cartas del Tarot y otros lugares falsos que ofrecen una visión profética. Cuando la iglesia abrace la verdadera profecía, entonces la falsa profecía perderá su derecho a existir. Sus practicantes se encontrarán en quiebra.

Durante el renacimiento galés de principios del siglo XX, ocurrieron estas cosas. Los pubs y tabernas cerraron; los policías estaban sin trabajo; las cárceles cerradas; pero las iglesias estaban llenas a medida que la gente buscaba a Dios y Su presencia. No podemos culpar al mundo; debemos considerar nuestro pecado como iglesia y dejar que comience el arrepentimiento.

Liberación del Gozo

A menudo, cuando se libera La Gloria sobre las personas, estas comienzan a reír de forma profunda y cordial. La risa libera endorfinas que estimulan nuestro sistema inmunológico y contribuyen a nuestro bienestar general. El Dr. Rodney Howard-Browne afirma la razón por la que la gente se ríe durante sus servicios: "¡Porque son felices!"

Es probable que Dios no esté evaluando todos los pormenores de los beneficios de la risa, simplemente libera gozo en las personas y ellas responden riendo. Si la risa interrumpe su servicio, es porque probablemente sea necesaria. Las personas durante el servicio se deben liberar para disfrutar del gozo. Con demasiada frecuencia, no hemos experimentado gozo en la presencia del Señor, aunque es en Su presencia donde encontramos gozo.

Salmos 16:11: "Me mostrarás la senda de la vida; ***En tu presencia hay plenitud de gozo;*** *Delicias a tu diestra para siempre." (Énfasis mío)*

A menudo, la risa será contagiosa. Puede comenzar con solo una o dos personas, pero en unos minutos toda la audiencia puede estallar de gozo. Cualquiera que sea el caso, deje espacio para que el Espíritu Santo se manifieste como le plazca.

Liberación de la Paz

La paz es la expresión dominante que he presenciado cuando se libera La Gloria. No es lujosa, a menudo es muy tranquila; pero siempre es bastante inconfundible: la Paz. Pablo la describió como la paz que sobrepasa todo entendimiento (Filipenses 4:7). No se puede explicar pero se puede experimentar.

La liberación de la paz a menudo acompaña al derramamiento de los baldes de miel y aceite que mencioné en un capítulo anterior. A medida que estos se derraman sobre la persona, ellas experimentan una poderosa sensación de paz. A menudo parecen perderse en la presencia pacífica del Señor.

No puede Quedarse en Pie

Muchas veces, la presencia del Señor es tan abrumadora que simplemente colapsamos en Su presencia. A veces, se ha manifestado con tanta fuerza que mantenerse en pie es imposible. Algunas personas caen hacia atrás; otros caen hacia adelante; mientras que otros simplemente se encojen en sus asientos.

Cuando las personas caigan hacia atrás, trate que alguien le ayude a atraparlas para que no golpeen el suelo con demasiada fuerza con las caderas o para que no se golpeen la cabeza al caer. Usted puede caer en el Espíritu, pero mientras cae, lo hace en la carne. Puede lastimarse. Sería bueno y espiritual decir que usted nunca se lastimará si "realmente" estuviera muerto, en espíritu, pero no sea ingenuo. Está cayendo. PUEDE lastimarse.

Nuevamente, si es posible, amortigüe la caída. Especialmente para las mujeres mayores, trate de evitar que golpeen el suelo con demasiada fuerza con las caderas y ayude a las personas a no golpearse la cabeza con el suelo. Independientemente de si el local tiene alfombra o no, el piso sigue siendo bastante duro e implacable. Use un poco de sentido común.

En muchos casos, es sensato colocar simplemente una silla detrás de la persona para que pueda caer en la silla. Si la persona que recibe La Gloria es bastante grande o alta, tenga a un par de personas disponibles para ayudar a atraparla. No necesita que surja ningún problema innecesario de responsabilidad por no estar preparado.

También esté atento a las personas que, en el proceso de caer, caen sobre otra persona. Debe evitar esos escenarios si es posible. Si siento una liberación masiva de La Gloria en una reunión, intento que las personas que están de pie se aseguren de estar paradas frente a una silla para que puedan caer en ella y no en el suelo.

Es mucho más fácil dejar que la silla soporte su peso, en lugar de una o dos personas.

Cuando se producen liberaciones como estas, puede controlar la situación para que se tenga en cuenta la seguridad de las personas. No tienen que caer todos al mismo tiempo. Este no es un momento de "ver quién puede actuar como Benny Hinn". No es para tu gloria, sino para la de Dios.

Este es el Vino Nuevo

El vino del Espíritu Santo tiene el mismo efecto embriagador en las personas que el vino natural. El beneficio del vino nuevo es que no produce resaca. Esto no es un fenómeno nuevo. Más bien, fue la descripción de la iglesia primitiva en el Día de Pentecostés.

Las personas que se reunieron en el aposento alto ese día experimentaron un derramamiento del Espíritu Santo y fueron acusadas de estar ebrias. Pedro, en su sermón inicial, señaló a la multitud que eran solo las nueve de la mañana. Los hombres y mujeres no estaban borrachos como la multitud pensaba que estaban, sino que era una demostración de lo que el profeta Joel había registrado cientos de años antes. Fue la lluvia del Espíritu Santo sobre la tierra.

Cuando ocurre esta manifestación, la gente actuará de manera muy similar a quienes se emborrachan naturalmente; solo que en este caso no tendrán resaca a la mañana siguiente. Al igual que alguien que está borracho, una persona callada puede volverse temporalmente bastante habladora, o una persona habladora puede volverse bastante callada. A una persona borracha generalmente no le importa lo que está sucediendo con ella y, a menudo, este es el caso de alguien borracho con el vino nuevo. Notará muchas similitudes entre los dos tipos de embriaguez. Quizás si las iglesias hicieran más espacio para esta expresión, tendríamos menos bares en nuestras ciudades y pueblos.

———— · ————

Capítulo 12

¡No se trata de usted!

En ningún momento en el que La Gloria se libera se trata de usted. La liberación de La Gloria es para cumplir los propósitos de Dios, no los suyos. Podemos participar por el Espíritu Santo mientras Él libera el Cielo para nosotros. Realmente no tenemos nada que ver con lo que sucede.

La madre de Oral Robert le dio algunos consejos al principio de sus días como evangelista. Ella le dijo que siempre se mantuviera pequeño ante sus propios ojos. Pareció lograr hacer precisamente eso porque él sabía dónde estaba en el esquema de las cosas. Él era simplemente un siervo dispuesto que Dios usó para glorificarse a sí mismo y sanar y liberar a multitudes de personas.

Cuando comenzamos a pensar más de nosotros mismos de lo que es saludable, probablemente veremos una disminución en la liberación de La Gloria. Dios no compartirá Su Gloria con nadie. Ninguno de nosotros es indispensable. Cuando puedo participar con Él en reuniones donde Su Gloria recorre la sala y la vida de las personas se ve afectada permanentemente, me siento humilde y agradecido de haber podido ver a Dios hacer esas cosas.

Recientemente, estuve en Sudamérica dirigiendo un par de escuelas sobre las Cortes del Cielo. En la segunda noche de la escuela fuimos interrumpidos por La Gloria del Señor. Cuando el poder de Dios se extendió por el local y la gente se emocionó, el joven que era nuestro camarógrafo para las escuelas fue testigo de lo que estaba sucediendo. La reunión se llevó a cabo con respeto por las personas en el local y todos fueron conmovidos.

Este joven nunca antes había presenciado ninguna de las cosas que sucedieron esa noche. Continuó grabando lo que el Espíritu Santo estaba haciendo y lo hizo con mucho respeto. Después de un rato le pregunté si a él le gustaría experimentar algo de lo que estaban experimentando los demás en el local. Él asintió afirmativamente y yo simplemente me paré frente a él con mi mano sostenida a unos centímetros de su pecho y yo y el joven que me estaba ayudando, simplemente le liberamos La Gloria. Después de unos momentos, cayó de espaldas. Un poco sorprendido por lo que sintió, se puso de pie y comencé de nuevo a liberarle La Gloria. Una vez más, ya no podía estar de pie. Una vez que se puso de pie, tenía hambre de más de esa experiencia, así que le liberamos La Gloria de nuevo y volvió a caer. Él nunca había experimentado la paz y la presencia de Dios de esa manera. A la mañana siguiente, el pastor lo trajo a Jesús.

No tenemos que pasar por todo tipo de gimnasias carismáticas cuando el Espíritu Santo se está moviendo. Él puede moverse de manera muy demostrable o puede moverse muy silenciosamente por la habitación. La clave: dejar que Él dicte lo que quiere hacer. Nuestro trabajo es fluir con Él y seguir Su dirección.

En esta nueva dinámica, podemos tender a pensar que sabemos cómo debe moverse el Espíritu Santo y qué debe hacer. Me han sorprendido gratamente sus métodos y las manifestaciones de su presencia entre nosotros. He aprendido que cuanto más sé, menos sé. Simplemente necesito conocerlo y seguir Su ejemplo.

¿Cómo sé qué hacer a continuación?

A menudo, el Espíritu Santo me muestra una escena o imagen de lo que quiere hacer. Durante nuestro reciente compromiso ministerial en América del Sur, estábamos en una iglesia y debíamos enseñarles cómo acceder a los dominios del cielo. Esa mañana, durante la adoración, vi a una dama con un vestido rojo a la que sabía que debía llamar para que entrara al cielo primero.

Cuando llegó el momento de ministrar, llamé a la mujer y le indiqué cómo entrar en los dominios del cielo. Ella obedientemente hizo lo que le dije y cuando entró, se "desmayó" hacia el suelo. Ella fue repentina e inesperadamente quebrantada en el Espíritu y cayó al suelo. Afortunadamente, un par de personas estuvieron disponibles para ayudarla mientras caía. Ella estuvo en el espíritu durante aproximadamente 30 minutos.

Mientras tanto, llamé a otros que querían entrar en los dominios del Cielo e hice que avanzaran unos 5 o 6 a la vez. Cada uno de ellos tuvo experiencias casi idénticas cuando se adentraron. Fueron poderosamente quebrantados en el Espíritu. Una de las damas estuvo en el suelo durante casi una hora. Mientras ministrábamos esa mañana, La Gloria se difundió por toda la sala, a veces en oleadas. Aunque solo había visto a la mujer del vestido rojo, una vez que obedecí esa instrucción, las otras instrucciones siguieron.

En tales reuniones, involucro a otros de la audiencia (particularmente a aquellos que han tenido encuentros poderosos al principio de la reunión) para que me ayuden a liberar La Gloria sobre aquellos que se presentan para la ministración. Llegan a sentir la liberación de La Gloria cuando simplemente sostienen su mano en la frente o en el pecho del destinatario y liberan La Gloria. El impacto sobre ellos mismos es a veces tan poderoso como el impacto sobre el receptor.

Para muchos de ellos, sentir el poder de Dios fluyendo a través de ellos de manera tan tangible es un cambio de vida. Yo te animo a que hagas lo mismo. No creas que eres el único que puede hacer la liberación.

El martes por la noche, cuando el camarógrafo quedó tan impactado, le pedí que me ayudara a liberar La Gloria. Aún no había nacido de nuevo, pero tampoco se resistía a Dios. Simplemente no había hecho un compromiso personal de su vida con Jesús en ese momento. Dios usó esas experiencias para alimentar su hambre por Él.

Es un privilegio

Recuerde, Dios no TIENE que usarlo. Él podría usar a quien quiera. Es un privilegio y un honor trabajar con Dios a través del Espíritu Santo de esta manera. Cuanto más nos quitemos de en medio del camino, más hará Él en medio de nosotros.

Manténgase dócil y dispuesto a aprender. En el prefacio mencioné la dramática caída del evangelista televisivo Jimmy Swaggart. En mi opinión, una de las causas de su caída fue que había llegado a un punto en su vida en el que no se le podía enseñar. Su sumisión a los que tenían autoridad sobre él fue aparentemente solo de nombre, porque cuando trataban de traer corrección y restitución para él, no se sometía. El Cuerpo de Cristo fue muy dañado por tales payasadas durante ese período de tiempo. La cola había comenzado a menear al perro.

El Cuerpo de Cristo no necesita fracasos de ese tipo; sin embargo, espero que ver algunos en el futuro. El Señor está construyendo una iglesia sin mancha ni tacha y lo hará con o sin nuestra participación personal. En cuanto a mí, quiero ser parte de lo que Dios está haciendo en la tierra. No quiero perderme lo que está logrando.

Quiero ser alguien que esté ayudando a liberar La Gloria en las naciones y en las personas de la tierra. ¿Y usted?

———— · ————

Conclusión

A medida que el Señor libere más de Su Gloria en la tierra, veremos más y más cambios en la vida de su pueblo y un hambre cada vez mayor por Su presencia entre los que han nacido de nuevo y los que aún no han nacido de nuevo. Recuerde, la religión siempre hace que sea difícil experimentar a Dios y Su maravillosa presencia, pero Jesús ha quitado las barreras: el Reino de los Cielos está cerca.

En Marcos 7, leemos este relato:

*Marcos 7:32-35: "Y le trajeron un sordo y tartamudo, y le rogaron que le pusiera la mano encima. Y tomándole aparte de la gente, metió los dedos en las orejas de él, y escupiendo, tocó su lengua; y **levantando los ojos al cielo, gimió, y le dijo: Efata, "es decir:" Sé abierto. Al momento fueron abiertos sus oídos, y se desató la ligadura de su lengua, y hablaba bien.**" (Énfasis mío)*

Note lo que Jesús hizo con el hombre:

1. Miró al cielo
2. Gimió (u oró inaudiblemente)
3. Él dijo: "Ábrete"

Cuando dijo: "Ábrete", ¿estaba hablando a los oídos del hombre o al Cielo? También puede haber estado hablando al Cielo. El Cielo había estado cerrado sobre la vida del hombre durante mucho tiempo. La provisión que necesitaba estaba en el Cielo. Cuando Jesús dijo: "Ábrete", la provisión—el oír y el habla—le llegó al hombre e inmediatamente pudo oír y hablar.

Vimos el mismo patrón en Mateo 3:

*Mateo 3:16-17: "Y Jesús, después que fue bautizado, **subió** luego del agua; y he aquí **los cielos le fueron abiertos**, y **vio** al Espíritu de Dios que descendía como paloma, y venía sobre él. Y **hubo una voz de los cielos**, que decía: Este es mi Hijo amado, en quien tengo complacencia."*

Cuando el Cielo se abre sobre la vida de usted, lo que está en el Cielo (toda la provisión que necesite) le puede llegar inmediatamente.

Es posible que hayamos experimentado momentos en los que los Cielos parecían ser de bronce, pero podemos ordenar a los Cielos que se abran y La Gloria se puede liberar en nuestro entorno. No hablo de decretar, sino de mandar usando nuestra autoridad como creyente.

Hemos escuchado mucho en los últimos años sobre cambios ambientales; sin embargo, este libro trata sobre un tipo de cambio ambiental diferente: el de traer La Gloria que está en el Cielo al reino de la tierra. ¡La tierra está esperando! ¿Qué está esperando usted?

———— · ————

Bibliografía

Desconocido. (2019, 5 de enero). *Freedictionary.com/banz*. Obtenido de Freedictionary.com: https://www.thefreedictionary.com/Bann

Diccionario de la herencia americana de la lengua inglesa, quinta edición. (2016). Houghton Mifflin Harcourt Publishing Company.

Moffatt, JA (1994). *La Biblia: Traducción de James Moffatt*. Grand Rapids: Publicaciones de Kregel.

Torwalt, B. a. (2013). *Cuando entras en la habitación* [Grabado por B. a. Torwalt].

Virkler, DM (Director). (2018). *Escuchando a Dios a través de tus sueños – Sesión 1 – Puentes hacia lo sobrenatural, Charity Kayembe* [Película].

Descripción

La promesa de las Escrituras es que la tierra se llenará del conocimiento de La Gloria del Señor como las aguas cubren el mar. Para lograr esa meta, Dios usará santos dispuestos: hombres y mujeres que deseen ver a Dios moverse y que sean lo suficientemente sabios como para permitirle moverse como Él desea.

A medida que aprendamos a liberar el Cielo en la tierra, experimentaremos un cambio social. Sin embargo, Dios comenzará en primer lugar por la iglesia y el hogar de usted para liberar Su Gloria. Aprenda a cooperar con el Cielo en la liberación de La Gloria. ¡Las vidas cambiarán y USTED nunca volverá a ser el mismo!

———— · ————

Acerca del Autor

El Dr. Ron Horner es un maestro apostólico especializado en las Cortes del Cielo. Ha escrito más de veinte libros sobre las Cortes del Cielo, cómo proceder en el Cielo, el trabajo con los ángeles o cómo vivir desde la revelación.

Actualmente capacita a las personas para que participen en las Cortes del Cielo en una sesión semanal de enseñanza en línea a través de Internet. Usted puede registrarse para participar y descubrir más sobre el paradigma de oración de las Cortes del Cielo a través de sus diversos sitios web, clases, productos y servicios que se encuentran aquí:

www.ronhorner.com

———— · ————

Otros libros escritos
por el Dr. Ron M. Horner

EN INGLÉS

Building Your Business from Heaven Down

Building Your Business from Heaven Down 2.0

Building Your Business with the Blueprint of Heaven

Commissioning Angels – Volume 1

Cooperating with The Glory

Courts of Heaven Process Charts

Dealing with Trusts & Consequential Liens from the Courts of Heaven

Engaging Angels in the Realms of Heaven

Engaging Heaven for Revelation – Volume 1

Engaging Heaven for Revelation – Volume 2

Engaging Heaven for Trade

Engaging the Courts for Ownership & Order

Engaging the Courts for Your City (*Paperback, Leader's Guide & Workbook*)

Engaging the Courts of Healing & the Healing Garden

Engaging the Courts of Heaven

Engaging the Help Desk of the Courts of Heaven

Engaging the Mercy Court of Heaven

Four Keys to Dismantling Accusations

Freedom from Mithraism

Kingdom Dynamics – Volume 1

Kingdom Dynamics – Volume 2

Let's Get it Right!

Lingering Human Spirits

Lingering Human Spirits – Volume 2

Living Spirit Forward

Overcoming the False Verdicts of Freemasonry

Overcoming Verdicts from the Courts of Hell

Releasing Bonds from the Courts of Heaven

Unlocking Spiritual Seeing

EN ESPAÑOL

Cómo Anular los Falsos Veredictos de la Masonería

Cómo Proceder en la Corte Celestial de Misericordia

Cómo Proceder en las Cortes para su Ciudad

Cómo Trabajar con Angeles en los Ambitos del Cielo

Cooperando con La Gloria de Dios

Las Cuatro Llaves para Anular las Acusaciones

Liberando Bonos en las Cortes Celestiales

Liberando Su Visión Espiritual

Sea Libre del Mitraísmo

Tablas de Proceso de la Cortes del Cielo

Viviendo desde el Espíritu